미래를 선도하는 리더

성공을 위한 전략적 리더십

미래를 선도하는 리더

백광석 지음

다온길

프롤로그
미래의 리더십에 대한 초대

우리가 서 있는 지금, 이 순간은 미래의 문턱에 발을 들여놓은 것과 다름없습니다. 기술의 급속한 발전, 글로벌화, 그리고 사회적 다양성의 증가는 우리가 알고 있던 세계의 모습을 근본적으로 변화시키고 있습니다. 이러한 변화의 중심에서, 우리는 미래의 리더십이 어떠해야 하는지에 대해 깊이 생각해 볼 필요가 있습니다. 이 책은 바로 그런 시대적 변화에 대응하는 리더십의 비전을 제시하고자 하는 초대장입니다.

과거의 리더십 모델이 효율성과 명확한 지시에 중점을 뒀다면, 미래의 리더십은 훨씬 더 유연하고 포용적이어야 합니다. 미래의 리더는 다양한 배경과 가치관을 가진 사람들을 하나로 모으고, 급변하는 환경 속에서도 지속 가능한 발전을 추구해야 합니다. 그들은 단순히 명령을 내리는 것이 아니라, 팀원들의 창의력을 촉진하고, 다양한 의견을 존중하며, 복잡한 문제를 해결하는 데 있어 혁신적인 접근을 도모해야 합니다. 이러한 리더는 사회와 지구에 대한 책임감을 가지고, 긍정적인 변화를 이끄는데 앞장서는 사람입니다.

이 책은 미래의 리더십을 탐구하는 네 개의 주요 파트로 구성되어 있습니다. 첫 번째 파트인 '미래의 지도를 그리다'에서는 역사적 관점과 미래 예측을 통해 리더십의 본질을 깊이 있게 다룹니다. '영향력의 새로운 언어' 파트에서는 다양한 소통 기술과 그 중요성을 강조하며, 어떻게 하면 효과적으로 메시지를 전달하고 이해시킬 수 있는지를 탐구합니다. '변화를 넘어 혁신으로' 파트에서는 창의적인 사고의 중요성과 실패를 통한 학습, 그리고 이를 통해 어떻게 더 나은 미래를 만들어갈 수 있는지를 논합니다. 마지막으로, '지속 가능한 성공의 길'에서는 개인의 건강과 웰빙, 윤리적 리더십을 어떻게 유지할 수 있는지에 대해 깊이 있게 다룹니다.

변화하는 세상 속에서, 이 책은 미래의 리더십에 대한 통찰력을 제공하고, 리더로서 여러분이 직면할 수 있는 도전과 기회에 대한 준비를 도와줄 것입니다. 미래의 리더로서 여러분이 세상을 긍정적인 방향으로 이끌 수 있도록, 이 책이 실질적인 가이드가 되기를 바랍니다.

백광석

차례 ◇◇

PART 2 ─────────────
영향력의 새로운 언어

PART 3
변화를 넘어 혁신으로

PART 4
지속 가능한 성공의 길

PART 1

미래의
지도를
그리다

리더는 자신만의
길을 걷되,
다른 이들이
따라올 수 있는
길을 만든다.

01

시간의 틈새에서 리더십 찾기
: 미래와 과거를 잇다

리더십은 단순히 현재의 조직이나 팀을 이끄는 것 이상의 의미
가 있습니다. 그것은 시간을 초월하여 인간 사회에서 중요한 역
할을 해왔으며, 앞으로도 그럴 것입니다. 이 개념은 리더십이 변
화하는 시대와 상황에 관계없이 일관되게 존재하는 보편적인 요
소들을 포함하고 있다는 것을 탐구합니다. 이를 통해 우리는 과
거의 리더십 사례를 분석하고, 그 속에서 발견되는 교훈을 현재
상황에 적용함으로써 미래의 리더십을 준비할 수 있습니다.

과거의 리더십 사례로부터 배우기

과거의 리더십 사례를 통해 미래 지향적 적용을 위한 교훈을

얻을 수 있습니다. 여기서 몇 가지 주요 사례를 살펴보겠습니다.

◇◇◇

고대 로마의 정치가이자 군사 지도자였던 율리우스 시저는 강력한 리더십과 전략적 사고로 알려져 있습니다. 그는 뛰어난 의사소통 능력과 군대를 통솔하는 능력으로 큰 성공을 거두었지만, 권력을 집중시킨 결과 결국 암살당했습니다. 이 사례는 강력한 리더십이 가져올 수 있는 긍정적이고 부정적인 결과 모두를 보여줍니다.

링컨 대통령은 위기의 시기에 미국을 통합하고 노예제를 폐지하는 등의 중대한 결정을 내린 리더였습니다. 그의 리더십은 공감능력, 결단력, 그리고 비전 제시라는 측면에서 오늘날에도 여전히 관련이 있습니다. 현재의 리더들은 링컨의 이러한 특성을 본받아, 현대 사회의 다양한 위기와 도전에 대응할 수 있습니다.

넬슨 만델라는 남아프리카 공화국에서 아파르트헤이트 체제의 종식과 평화적인 전환을 이끈 인물입니다. 만델라의 리더십은 화합과 용서의 중요성을 강조하며, 극단적인 상황에서도 대화와 협상을 통해 변화를 끌어낼 수 있다는 것을 보여줍니다. 만델라는 국가의 분열을 극복하고, 다양한 인종 간의 평화와 조화를 실현하기 위해 노력했습니다. 이 사례에서 우리는 갈등 상황에서도 대화와 포용을 통해 해결책을 모색하는 리더십의 중요성을 배울 수 있습니다.

스티브 잡스는 혁신적인 제품과 시장을 개척하는 능력으로 잘 알려져 있습니다. 그의 리더십은 과감한 혁신과 불가능해 보이는 목표를 향한 끊임없는 추구를 통해 애플을 기술 산업의 선두 주자로 만들었습니다. 잡스의 리더십에서 우리가 배울 수 있는 주요 교훈은 비전을 명확히 설정하고, 이를 실현하기 위해 끊임없이 혁신하며, 영감을 주는 목표로 이끄는 것의 중요성입니다.

잭 웰치 하에서 GE는 엄청난 성장을 이루었습니다. 웰치의 리더십은 효율성 증대, 비효율적인 사업 부문의 정리, 그리고 직원 개개인의 성과 평가에 중점을 두었습니다. 그는 또한 끊임없는 혁신과 개선을 추구하며, 조직 내에서 창의적인 아이디어가 자유롭게 흐를 수 있도록 격려했습니다. 웰치의 리더십에서 우리가 배울 수 있는 것은 목표 달성을 위한 높은 기준의 설정, 그리고 조직 내에서 혁신과 개선을 지속해서 추구하는 리더십의 중요성입니다.

시간의 틈새에서 리더십을 찾는다는 것은, 과거의 리더십 원칙과 현대의 상황을 연결 짓는 일입니다. 이 과정은 세 단계로 진행됩니다.

1. 역사적 리더십 사례 연구

과거의 리더들이 어떠한 결정을 내리고 행동했으며, 그들의 리더십 스타일이 어떻게 조직과 사회에 영향을 미쳤는지를 깊이 있게 이해하는 과정입니다. 이러한 분석을 통해, 현대의 리더들은 리더십의 다양한 양상을 배울 수 있으며, 이를 자신의 상황에 적용할 수 있는 통찰력을 얻을 수 있습니다.

역사 속에서는 다양한 리더십 스타일이 나타납니다.

예를 들어, 권위주의 리더십은 엄격한 규칙과 지시를 통해 조직을 이끄는 스타일로, 공자와 같은 고대 중국의 리더들이 이를 대표합니다. 반면, 민주적 리더십은 팀원들의 의견을 존중하고 결정 과정에 참여시키는 스타일로, 토머스 제퍼슨과 같은 미국의 건국 아버지들이 이를 잘 보여줍니다. 변혁적 리더십은 비전과 영감을 통해 변화를 이끄는 스타일로, 넬슨 만델라와 같은 리더가 이를 대표합니다.

이러한 리더들의 결정과 행동은 그들이 이끄는 사람들과 조직, 나아가 역사에 큰 영향을 미쳤습니다. 예를 들어, 넬슨 만델라의 결정과 행동은 남아프리카 공화국에서의 인종 차별 철폐와 국가 화합을 이끌었습니다. 이러한 사례들은 현대의 리더들에게 자신의 결정과 행동이 주변에 미칠 수 있는 영향을 더 잘 이해하고 예측할 수 있도록 도와줍니다.

역사적 리더십 사례 연구는 과거의 리더들로부터 중요한 교훈을 배우는 데 중요한 역할을 합니다. 각기 다른 배경과 상황에서 활동한 리더들을 통해, 현대의 리더들은 다양한 리더십 모델을 배우고, 자신만의 리더십 스타일을 개발하며, 다양한 상황에 맞게 조정할 수 있는 능력을 키울 수 있습니다. 이는 리더와 리더십 연구자 모두에게 매우 유용한 과정입니다.

2. 현재의 도전과 연결

과거의 리더십 원칙을 현재의 문제와 상황에 적용하는 것은 역사 속에서 얻은 교훈을 오늘날의 도전과 기회에 맞게 새롭게 해석하고 적용하는 과정입니다. 이러한 접근은 과거의 성공과 실패로부터 배운 교훈을 현대적 맥락에 맞게 조정하고, 그것을 기반으로 더 나은 미래를 구축하려는 시도로 볼 수 있습니다. 이 과정은 리더와 조직에 역사적 지식을 활용하여 현재의 복잡한 문제를 해결하는 통찰력을 제공합니다.

첫 번째 단계는 과거의 리더십 사례를 면밀히 분석하는 것입니다. 이 때, 중요한 것은 단순히 사건의 흐름을 이해하는 것이 아니라, 그 안에서 리더십 원칙이 어떻게 적용되었고, 그 결과가 어떠했는지를 파악하는 것입니다. 예를 들어, 고대 로마의 리더십 구조와 결정 메커니즘, 중세 유럽의 군주제 아래에서의 리더십 동향 등은 다양한 리더십 모델의 효과와 한계를 이해하는 데 도움을 줄 수 있습니다.

다음으로 현재 상황과의 연결 고리를 찾습니다. 현대 사회는 디지털화, 글로벌화, 다문화주의 등 다양한 새로운 도전을 맞이하고 있으며, 이러한 변화는 리더십의 적용 방식에도 영향을 미칩니다. 과거의 리더십 원칙이 현재의 맥락에서 어떻게 재해석되고 적용될 수 있는지를 탐색함으로써, 리더들은 더 유연하고 창의적인 해결책을 개발할 수 있습니다.

이 과정에서 중요한 것은 과거의 리더십 원칙을 현재의 문제에 맞춰 조정하는 것입니다. 예를 들어, 과거의 권위주의 리더십 방식이 특정 상황에서는 효과적일 수 있지만, 현대의 다양성과 창의성을 중시하는 조직 문화에서는 더 포괄적이고 참여적인 리더십 스타일이 필요할 수 있습니다. 따라서, 과거의 원칙을 현대의 요구에 맞게 재해석하고 조정하는 과정은 매우 중요합니다.

이러한 조정 과정은 지속적인 학습과 적응을 요구합니다. 리더와 조직은 현재의 성공뿐만 아니라 실패로부터도 배울 준비가 되어 있어야 하며, 이를 통해 더 나은 미래를 위한 리더십 전략을 지속해서 개발해야 합니다.

과거의 리더십 원칙을 현재의 문제와 상황에 적용하는 것은 역사적 교훈을 현대적 맥락에 맞게 재해석하고 적용하는 복잡하지만 보람 있는 과정입니다. 이 과정을 통해 리더들은 과거의 지혜를 현재의 문제 해결에 활용함으로써, 보다 효과적이고 지속 가능한 방식으로 조직을 끌어 나갈 수 있습니다. 이는 리더십의 본질이 시대와 상황에 따라 변화할 수 있음을 인식하고, 그에 따라 유연하게 대응하는 능력을 개발하는 것을 의미합니다.

3. 미래 지향적 적용

과거와 현재의 리더십 원칙을 미래의 도전에 대비하여 적용하는 것은 미래를 향해 나아가는 조직과 리더에게 필수적인 과정입니다. 이 과정은 리더십을 지속 가능하고 유연하게 만들기 위해 과거의 경험과 현재의 인사이트를 기반으로 미래를 예측하고 대비하는 전략을 수립하는 것을 포함합니다. 이러한 접근 방식은 조직이 끊임없이 변화하는 환경 속에서도 성공적으로 적응하고 성장할 수 있도록 돕습니다.

첫 번째 단계로, 과거의 리더십 경험과 현재의 리더십 원칙을 평가하여, 그것들이 어떤 방식으로 성공 또는 실패를 이끌었는지를 이해하는 것이 중요합니다. 이 과정에서 얻은 교훈은 미래의 리더십 전략을 수립하는 데 있어 중요한 기반을 제공합니다.

다음으로, 미래의 도전을 예측하는 것이 필요합니다. 이는 기술의 발전, 사회적 변화, 경제적 변동성, 환경 관련 문제 등 다양한 요소를 고려해야 합니다. 예를 들어, 인공지능과 자동화 기술의 발전은 미래의 일자리 구조와 조직 운영 방식에 큰 변화를 불러올 것이며, 이러한 변화는 리더십에도 새로운 요구를 제기할 것입니다. 따라서, 미래의 변화를 예측하고 이에 대비하는 것은 매우 중요합니다.

이러한 예측을 바탕으로, 리더십을 지속 가능하고 유연하게 만들기 위한 전략을 수립합니다. 이는 다양한 시나리오에 대비하여 리더십 원칙과 전략을 다양화하고, 변화에 유연하게 대응할 수 있는 역량을 강화하는 것을 포함합니다. 예를 들어, 디지털 기술의 활용을 증대하여 원격 근무와 글로벌 팀워크를 지원하는 리더십 전략이 필요할 수 있습니다. 또한, 다양성과 포용성을 강조하여 조직 내 다양한 배경과 관점을 가진 구성원들이 협력하고 혁신을 끌어낼 수 있는 환경을 조성하는 것도 중요합니다.

지속적인 학습과 적응이 필요합니다. 미래는 불확실하고 예측하기 어렵기 때문에, 리더와 조직은 지속해서 학습하고, 새로운 정보와 트렌드에 기반하여 리더십 전략을 적응시켜야 합니다. 이는 조직이 미래의 도전에 유연하게 대응하고, 지속 가능한 성장을 이루는 데 핵심적인 역할을 합니다.

과거와 현재의 리더십 원칙을 미래의 도전에 대비하여 적용하는 것은 조직의 지속 가능한 성공을 위해 필수적입니다. 이 과정은 과거의 교훈과 현재의 인사이트를 분석하고 미래를 예측하는 능력, 그리고 이를 통해 유연하고 지속 가능한 리더십 전략을 수립하는 데 있어 중요한 역할을 합니다. 이러한 전략은 변화하는 환경과 도전에 효과적으로 대응하고, 조직의 성장과 발전을 촉진하는 데 필수적입니다.

02

우주선 지휘관
: 별들을 넘어서는 리더십

우주 탐험과 우주선 지휘관의 역할을 통해, 극한 상황에서의 리더십 기술과 팀워크의 중요성을 탐구하는 개념입니다. 이는 우주선 지휘관이 직면하는 도전과 임무 수행 과정에서 발휘되는 리더십을 통해, 일반적인 환경에서의 리더십 원칙에 새로운 시각을 제공합니다.

◇◇◇

우주선 지휘관인 크리스 핫필드는 국제 우주정거장ISS에서의 임무 동안, 다양한 긴급 상황을 성공적으로 관리했습니다. 예를 들어, 우주정거장에서 발생한 기계 고장을 해결하거나, 팀원들 사이의 의사소통을 원활하게 유지하는 등의 리더십을 발휘했습니다. 이러한 상황들은 우주선 지휘관이 어떻게 복잡하고 예측 불가능한 상황에서도 팀을 안정적으로 이끌고 임무를 성공적으로 수행할 수 있는지를 보여줍니다.

우주선 지휘관의 리더십은 다음과 같은 몇 가지 핵심 원칙에 기반합니다.

1. 결정력

우주선 지휘관은 우주 임무의 성공과 우주선 내 생명체의 안전을 담당하는 막중한 책임을 지닙니다. 이를 위해 결정력은 필수적인 자질로, 상황을 정확히 분석하여 최선의 선택을 신속하게 결정하고 실행하는 능력을 의미합니다. 우주 환경의 가혹함과 예측 불가능성으로 인해, 지휘관은 언제나 준비된 상태로 있어야 하며, 빠르고 정확한 판단을 내려야 합니다. 예를 들어, 기술적 결함 발생 시 지휘관의 망설임이나 잘못된 결정은 임무 실패뿐만 아니라 인명 손실로 이어질 수 있습니다.

따라서, 지휘관은 다양한 상황에 대한 깊은 이해와 빠른 상황 판단 능력을 갖출 필요가 있습니다. 결정력을 발휘하기 위해선 지휘관이 기술적인 지식과 경험을 포함한 폭넓은 지식을 보유해야 하며, 팀원들과의 원활한 의사소통 능력이 요구됩니다. 결정의 신속한 내리기뿐만 아니라, 결정에 대한 책임감도 중요한 부분입니다. 지휘관은 결정이 임무와 팀원들에게 미치는 영향을 항상 고려하며, 임무의 성공을 최우선으로 생각해야 합니다. 결정력은 우주선 지휘관뿐만 아니라 모든 리더에게 필수적인 자질이며, 성공적인 임무 수행에 중요합니다.

2. 팀워크 및 의사소통

우주선 임무의 성공은 강력한 팀워크와 효과적인 의사소통에 깊이 의존합니다. 우주선 지휘관은 다양한 전문 분야에서 온 팀원들과 긴밀하게 협력해야 하며, 이들 간의 의사소통은 임무 수행에 필수적입니다. 각 팀원은 개별적인 지식과 기술을 가지고 있으며, 이러한 다양성이 팀의 전체적인 역량을 증대시킵니다. 효과적인 의사소통은 팀원들이 서로의 생각과 정보를 공유하게 하여, 복잡한 문제를 해결하는 데 중요한 역할을 합니다.

우주선 지휘관은 명확하고 간결한 방식으로 의사를 전달할 능력이 필요하며, 팀원들의 의견을 적극적으로 경청해야 합니다. 이를 통해, 지휘관은 팀원들의 우려와 제안을 이해하고, 임무 계획에 반영할 수 있습니다. 또한, 지휘관은 팀원들이 협력하여 각자의 전문성을 임무에 효과적으로 기여할 수 있도록 환경을 조성해야 합니다.

협력은 팀이 복잡한 문제를 효율적으로 해결하고, 예측 불가능한 상황에 빠르게 대응할 수 있게 합니다. 지휘관은 팀 내 갈등을 조정하고, 팀원들이 스트레스를 관리할 수 있도록 지원하는 역할도 수행합니다. 강력한 리더십과 팀원들의 협력적 노력은 우주 임무의 성공을 위해 서로 보완적이며, 이 두 요소 없이는 임무의 성공이 어렵습니다.

종합적으로, 우주선 지휘관과 팀원들 사이의 효과적인 의사소통 및 협력은 임무의 성공을 위한 핵심 요소입니다. 이는 복잡한 문제 해결 과정을 가속화하고, 임무 중 발생할 수 있는 다양한 도전에 대응하는 데 필수적인 기반을 마련합니다. 지휘관의 리더십과 팀의 결속력은 우주선 임무를 성공적으로 수행하는 데 결정적인 역할을 합니다.

3. 스트레스 관리

우주선 임무는 극한 환경에서 이루어지며, 이에 따라 지휘관과 팀원들은 심리적 압박을 경험할 수 있습니다. 이러한 스트레스는 임무 수행 능력에 부정적인 영향을 미칠 수 있으므로, 효과적인 스트레스 관리가 매우 중요합니다. 우주선 지휘관은 자신의 스트레스뿐만 아니라 팀원들의 스트레스도 관리할 책임이 있습니다. 이를 위해, 지휘관은 긍정적인 태도를 유지하고, 팀 내에서 긍정적인 분위기를 조성해야 합니다.

스트레스 관리 방법으로는 정기적인 커뮤니케이션 세션을 통해 팀원들이 자신의 걱정거리와 스트레스를 공유할 수 있도록 격려하는 것이 있습니다. 또한, 휴식 시간을 적절히 배분하고, 개인의 취미나 관심사의 시간을 할애할 수 있도록 지원하는 것도 중요합니다. 신체적 건강을 유지하는 것도 스트레스 관리에 중요한데, 이를 위해 정기적인 운동과 건강한 식사가 장려되어야 합니다.

지휘관은 팀원들이 스트레스를 긍정적으로 관리할 수 있도록 모범을 보이며, 필요한 경우 전문적인 심리적 지원을 제공받을 수 있도록 조치해야 합니다. 이러한 스트레스 관리 전략은 팀원들이 극한 환경에서도 최상의 성능을 발휘할 수 있도록 도와주며, 임무의 성공적인 수행을 지원합니다. 결국, 효과적인 스트레스 관리는 우주선 지휘관과 팀원들이 임무 동안 긍정적인 태도를 유지하고, 최적의 성과를 내는 데 필수적인 요소입니다.

4. 적응성 및 유연성

우주 임무는 예측 불가능한 상황이 빈번하게 발생하는 환경입니다. 임무 중에는 예상치 못한 기술적 문제, 우주 환경의 변화, 혹은 팀 내부의 문제 등 다양한 도전이 발생할 수 있습니다. 이러한 상황에서 지휘관과 팀원들의 적응성과 유연성은 임무를 성공적으로 수행하는 데 매우 중요한 요소입니다. 적응성이란 변화하는 상황에 효과적으로 대응하는 능력을 의미하며, 유연성은 계획을 수정하고 새로운 해결책을 찾는 능력을 말합니다.

우주선 지휘관은 예기치 않은 상황에 직면했을 때, 빠르게 상황을 평가하고 적절한 대응 방안을 결정해야 합니다. 이를 위해 지휘관과 팀원들은 다양한 시나리오에 대비한 훈련을 받으며, 문제 해결 능력을 지속해서 개발해야 합니다. 또한, 유연한 사고방식을 갖추고, 계획에서 벗어난 상황에서도 효과적으로 작업을 조정할 수 있어야 합니다.

임무 계속 진행을 위해, 지휘관은 팀원들과 긴밀히 협력하여 새로운 계획을 수립하고, 임무 목표를 달성하기 위한 최선의 방법을 모색해야 합니다. 이 과정에서 팀원들의 의견을 적극적으로 수렴하고, 다양한 전문 지식을 활용하는 것이 중요합니다. 적응성과 유연성을 발휘하는 것은 우주 임무를 안전하게 수행하고, 목표를 성공적으로 달성하는 데 결정적인 역할을 합니다. 결국, 우주선 지휘관과 팀원들의 이러한 능력은 임무 중 발생할 수 있는 모든 도전에 효과적으로 대응하는 기반을 마련합니다.

이러한 원칙들은 우주선 지휘관뿐만 아니라 일상생활에서의 리더십에도 적용할 수 있습니다. 복잡하고 끊임없이 변화하는 현대 사회에서 결정력, 팀워크, 스트레스 관리, 적응성은 모든 리더에게 필수적인 능력입니다.

03

역사 속에서 배우는 리더의 교훈

역사 속 리더들의 다양한 결정과 그 결과는 리더십에 대한 중요한 교훈을 제공합니다. 성공과 실패의 사례를 통해 리더십의 핵심 원칙과 덕목을 이해할 수 있습니다. 이들 사례는 리더가 직면할 수 있는 다양한 상황에 대한 통찰력을 제공하며, 어떤 결정이 리더와 그들의 팀, 혹은 국가에 긍정적 혹은 부정적 영향을 미쳤는지를 보여줍니다. 따라서, 역사는 리더십을 발휘하는 방법에 대한 귀중한 교육 자료가 됩니다. 이를 통해 현재와 미래의 리더들은 과거의 성공과 실패에서 교훈을 얻어 자신의 리더십을 강화할 수 있습니다.

역사 속 다른 리더의 예시와 그들이 남긴 교훈을 소개하겠습니다.

◇◇◇

1. 이순신 장군

조선 시대의 명장 이순신은 열세에 있는 상황에서도 뛰어난 리더십과 전략으로 많은 해전에서 승리를 이끌었습니다. 특히, 명량해전에서 승리는 그의 리더십의 절정을 보여줍니다. 이순신은 자원이 부족하고 어려운 상황에서도 끊임없는 혁신과 팀의 사기를 고취하는 능력으로 불가능해 보이는 목표를 달성했습니다. 이순신장군은 준비, 혁신, 그리고 불굴의 의지가 어떻게 팀을 승리로 이끌 수 있는지 보여주는 사례입니다.

2. 마거릿 대처

영국 철의 여인으로 불리는 마거릿 대처 전 총리는 강력한 의지와 결단력으로 유명합니다. 그녀의 재임 동안 많은 논란이 있었음에도 불구하고, 대처는 자신의 신념을 굽히지 않고 경제 개혁과 국가 정책을 추진했습니다. 대처의 리더십은 명확한 비전과 강한 추진력이 어떻게 변화를 이끌 수 있는지 보여주는 사례입니다. 그러나 그녀의 방식은 사회 내 깊은 분열을 야기하기도 했습니다. 이는 리더가 가져야 할 결단력과 비전이 때로는 반대의 목소리에 귀 기울일 필요성을 상기시킵니다.

3. 마하트마 간디

인도의 독립운동가이자 비폭력 저항의 상징적 인물인 간디는 평화와 비폭력을 통한 사회 변화의 힘을 보여주었습니다. 간디의 리더십은 개인의 변화가 큰 사회적 변화를 이끌 수 있다는 믿음을 바탕으로 합니다. 그는 자신의 삶을 통해 비폭력 저항의 원칙을 실천하며, 인도를 독립으로 이끌었습니다.

4. 클레오파트라

고대 이집트의 마지막 파라오인 클레오파트라는 그녀의 지능, 매력, 그리고 정치적 기술을 활용하여 자신의 국가를 강력한 지위에 두기 위해 노력했습니다. 그녀는 로마의 여러 권력자와 연합을 맺으며 이집트의 독립을 유지하려 했습니다. 클레오파트라의 사례는 리더의 카리스마, 외교적 기술, 그리고 복잡한 정치 환경 속에서의 생존 전략을 보여줍니다.

위의 사례는 리더십의 중요한 원칙과 덕목을 강조합니다. 이순신 장군은 어려운 상황에서도 지속적인 혁신과 팀원들의 사기를 높이는 것의 중요성을 보여줍니다. 마거릿 대처는 리더의 강한 의지와 명확한 비전이 어떻게 변화를 주도할 수 있는지를 보여주었습니다. 간디는 비폭력과 개인의 변화가 어떻게 사회적 변화를 이끌 수 있는지를, 클레오파트라는 카리스마와 정치적 기술의 중요성을 각각 강조했습니다. 그러나 대처의 예에서 보듯 리더십은 때로 사회적 분열을 초래할 위험도 내포하고 있습니다. 따라서, 리더는 결단력을 유지하는 동시에 유연성을 갖추고 다양한 의견을 경청하는 것의 중요성을 인식해야 합니다.

04

2040년, 리더로 살아가기
: 미래 사회의 리더십

2040년에는 기술 발전과 글로벌화가 사회의 모든 층위를 변화시키며, 이에 따라 리더십의 본질도 크게 달라집니다. 리더들에게는 더 이상 고정된 방식이나 전통적인 접근법으로는 충분하지 않게 됩니다. 대신, 혁신을 추구하고, 빠르게 변화하는 기술 환경에 유연하게 대응할 수 있는 능력이 필수적이 됩니다.

이러한 변화 속에서 리더들은 다양성을 포용하는 것이 중요해집니다. 글로벌화된 세계에서는 다양한 문화적 배경을 가진 사람들과 함께 일하는 것이 일상이 되며, 이는 다양한 관점과 아이디어를 수용하는 것을 의미합니다. 이는 창의적인 문제 해결과 혁신을 촉진하는 데 필수적입니다.

또한, 지속 가능한 발전을 추구하는 것도 리더십의 중요한 요소가 됩니다. 환경적, 사회적 책임을 인식하고 이를 조직의 전략과 결정에 반영하는 리더는 미래 사회에서 더욱 가치를 인정받게 됩니다.

새로운 도전에 유연하게 대응할 수 있는 능력은 불확실한 미래에 대비하는 데 중요합니다. 리더는 변화하는 상황 속에서도 팀을 안정적으로 이끌고, 적응하며, 성장할 수 있는 방향을 제시해야 합니다.

2040년의 미래 사회에서 성공적인 리더십은 혁신, 유연성, 포용성을 기반으로 합니다. 이는 기술의 급속한 발전과 글로벌화가 진전됨에 따라 더욱 중요해질 것입니다.

◇◇◇

예를 들어, 가상현실VR 기술을 활용한 원격 교육 플랫폼을 운영하는 회사의 CEO라고 가정해 보겠습니다. 여기서 CEO는 가상현실 기술을 활용한 원격 교육 플랫폼을 운영하며, 이를 통해 교육의 접근성과 질을 혁신적으로 개선하고자 합니다. 이 예시에서 중요한 몇 가지 포인트를 자세히 살펴보겠습니다.

1. 기술 활용과 혁신

VR 기술을 통해 교육을 혁신합니다. VR을 사용함으로써 학생들은 어디서든 실제와 같은 교육 환경에 참여할 수 있게 되며, 이는 학습 경험을 획기적으로 개선합니다. 이는 기술의 발전을 교육 분야에 적용하여, 전통적인 학습 방식의 한계를 넘어서는 예입니다.

2. 글로벌 협력과 다양성의 포용

전 세계의 우수한 강사들과 협력하여 다양한 지식과 경험을 학생들에게 제공합니다. 이 과정에서 다양한 문화적 배경을 가진 학생들과 강사들이 모이게 되며, 이는 포용적인 교육 환경을 조성합니다. 다양성을 포용함으로써 학습 경험은 더욱 풍부해지고, 학생들은 다양한 관점을 이해하게 됩니다.

3. 지속 가능하고 접근 가능한 교육

CEO는 지속 가능하고 모두에게 접근 가능한 교육을 제공하는 것에 중점을 둡니다. VR 기술을 활용함으로써 지리적, 경제적 장벽을 넘어 교육을 받을 수 있게 되며, 이는 교육의 평등성을 높입니다. 또한, 지속 가능한 교육 방식을 추구함으로써 장기적으로 사회 전체에 긍정적인 영향을 미칩니다.

4. 지속적인 모니터링과 적응

기술 발전은 빠르게 이루어지기 때문에, CEO는 이러한 변화를 지속적으로 모니터링하고 조직을 그에 맞게 적응시켜야 합니다. 이는 미래 지향적인 리더십의 중요한 특성 중 하나로, 변화하는 환경에 능동적으로 대응할 수 있는 능력을 의미합니다.

이러한 접근 방식은 미래의 리더들이 직면할 도전을 해결하고, 변화하는 사회 속에서 혁신적이고 포용적인 방식으로 조직을 이끌어갈 수 있도록 합니다. 이 예시에서의 CEO처럼, 미래의 리더들은 기술을 적극적으로 활용하고, 다양성을 포용하며, 지속 가능한 발전을 추구함으로써 사회 전반에 긍정적인 변화를 이끌어낼 수 있습니다.

2040년의 리더는 기술적 능숙함과 인간 중심의 접근 방식을 동시에 갖추어야 합니다. 인공지능AI, 빅데이터, 사물인터넷IoT과 같은 기술은 의사결정 과정을 혁신적으로 변화시키지만, 리더는 이러한 기술을 활용하여 팀의 창의성을 촉진하고, 모든 구성원이 목소리를 낼 수 있는 포용적인 환경을 조성해야 합니다. 또한, 기후 변화, 자원 고갈 등 글로벌 문제에 대한 책임감을 가지고 지속 가능한 방식으로 조직을 운영하는 것이 중요합니다.

리더는 또한 불확실성과 복잡성이 높은 환경에서 유연하게 대응할 수 있는 능력을 개발해야 합니다. 이를 위해서는 끊임없는 학습과 자기 발전이 필수적이며, 다양한 관점을 수용하고 새로운 아이디어를 실험하는 개방적인 태도가 요구됩니다.

빅데이터 리더십

빅데이터 리더십은 현대 비즈니스 환경에서 매우 중요한 개념으로 자리 잡았습니다. 빅데이터는 막대한 양의 구조화되지 않은 데이터를 의미하며, 이를 분석하여 의미 있는 정보를 추출하고, 그 정보를 바탕으로 의사결정을 내리는 과정을 포함합니다. 빅데이터 리더십은 이런 빅데이터를 활용하여 조직의 목표 달성을 이끄는 능력을 말합니다. 이제 이 개념을 일반인들도 이해할 수 있도록 쉽게 설명해보겠습니다.

1. 데이터의 중요성 인식

빅데이터 리더십을 펼치는 첫 단계는 바로 데이터가 가진 가치를 제대로 파악하는 것에서 출발합니다. 현대 비즈니스 환경에서 데이터는 단순한 정보의 집합을 넘어서, '새로운 석유'라고 일컬어질 정도로 소중한 자원으로 인식되고 있습니다. 이러한 비유는 데이터가 가진 엄청난 잠재력과 중요성을 잘 드러내 줍니다. 석유가 과거 산업 사회의 발전을 이끌었듯이, 데이터는 정보화 사회, 디지털 경제의 핵심 원동력으로 자리 잡았습니다.

데이터의 진정한 가치는 그것을 통해 얻을 수 있는 통찰에 있습니다. 리더는 데이터를 분석함으로써 고객의 행동 패턴, 시장의 변화, 경쟁사의 전략 등 다양한 분야에 대한 깊이 있는 이해를 얻을 수 있습니다. 이는 곧 조직이 더 전략적이고, 목표 지향적인 결정을 내릴 수 있는 기반을 마련해 줍니다.

예를 들어, 고객 데이터를 분석함으로써 기업은 고객의 구매 경향, 선호도, 라이프스타일 등을 파악할 수 있습니다. 이 정보를 바탕으로 기업은 고객 맞춤형 제품이나 서비스를 개발하고, 더욱 효과적인 마케팅 전략을 수립할 수 있습니다. 또한 시장 동향을 분석함으로써 새로운 비즈니스 기회를 발견하거나 위기를 사전에 대비할 수 있으며, 경쟁사의 전략을 이해함으로써 자신의 경쟁력을 강화하는 방안을 모색할 수 있습니다.

이처럼 데이터는 조직에 다양한 방면에서 중요한 의사결정을 내릴 수 있는 근거를 제공합니다. 따라서 빅데이터 리더십을 발휘하려는 리더는 먼저 데이터의 가치를 인정하고, 이를 조직 전반에 걸쳐 효율적으로 활용할 수 있는 전략을 수립해야 합니다. 이 과정에서 리더의 역할은 데이터를 올바르게 이해하고, 이를 기반으로 조직을 이끌어 가는 것입니다. 결국, 데이터의 가치를 인식하고 이를 전략적으로 활용할 수 있는 능력이 빅데이터 리더십의 핵심이라 할 수 있습니다.

2. 분석 능력

단순히 대량의 데이터를 수집하는 것만으로는 비즈니스 차원에서의 진정한 가치를 창출하기 어렵습니다. 수많은 데이터 속에서 진정으로 유용한 정보를 찾아내고, 그 정보를 기반으로 실제로 실행할 수 있는 행동 계획을 수립하는 것이 핵심입니다. 이것이 바로 빅데이터 리더십에서 중요한 분석 능력의 역할입니다.

데이터 분석은 빅데이터 리더십의 핵심 요소 중 하나로, 조직이 데이터에서 유의미한 인사이트를 도출하고, 그 결과를 바탕으로 전략적 결정을 내리는 데 필수적입니다. 이 과정에서 필요한 것은 고도화된 데이터 분석 기술입니다. 이를 통해 리더는 복잡한 데이터 세트를 분석하고, 그 안에서 패턴, 추세, 관계 등을 식별하여 조직의 전략적 방향성을 결정할 수 있습니다.

데이터 분석 기술에는 다양한 방법이 포함됩니다. 예를 들어, 통계적 분석, 머신러닝, 예측 모델링 등이 있으며, 이러한 기술을 활용해 데이터에서 심층적인 통찰을 얻을 수 있습니다. 예를 들어, 고객 세분화를 통해 특정 고객 그룹의 구매 경향을 파악하거나, 시장 동향 분석을 통해 다가올 변화를 예측할 수 있습니다.

또한, 경쟁사 분석을 통해 자사의 경쟁 우위를 확보할 수 있는 전략을 개발할 수도 있습니다.

그러나 이러한 분석이 실제 가치를 창출하려면, 분석 결과를 기반으로 한 실질적인 행동 계획이 수립되어야 합니다. 분석을 통해 얻은 인사이트는 조직의 목표 달성을 위한 구체적인 전략과 정책, 프로젝트 계획 등으로 전환되어야 합니다. 이 과정에서 리더의 역할은 분석 결과를 해석하고, 그것을 조직의 전략과 연계시키며, 실행할 수 있는 계획을 세우는 것입니다.

빅데이터 리더십에서의 분석 능력은 단순히 데이터를 해석하는 것을 넘어서, 그 결과를 실질적인 비즈니스 가치로 전환하는 데 있습니다. 이는 조직이 데이터 기반의 의사결정을 내리고, 시장에서 경쟁 우위를 확보하는 데 결정적인 역할을 합니다. 따라서 리더는 데이터 분석 기술을 갖추는 것과 동시에, 그 기술을 통해 얻은 인사이트를 조직의 성장과 발전에 이바지할 수 있는 행동 계획으로 전환할 수 있는 능력을 개발해야 합니다.

3. 팀워크와 협업

빅데이터 프로젝트의 성공은 다양한 전문 분야의 전문가들이 효율적으로 협력하는 데 크게 의존합니다. 데이터 과학자, 분석가, 마케팅 전문가 등 각기 다른 배경을 가진 사람들이 팀을 이루어 함께 작업하는 것은 복잡하고 다양한 빅데이터 프로젝트를 수행하는 데 필수적입니다. 이러한 팀워크와 협업을 성공적으로 끌어내는 것이 빅데이터 리더십의 중요한 요소 중 하나입니다.

효과적인 빅데이터 리더는 팀원들이 서로 다른 기술과 지식, 경험이 있다는 것을 인정하고, 이를 프로젝트의 성공을 위한 자산으로 활용하는 방법을 알아야 합니다. 이를 위해 리더는 몇 가지 중요한 임무를 수행해야 합니다.

첫째, 팀원 각자의 전문성을 인정하고 존중해야 합니다. 각 팀원이 가진 독특한 기술과 지식이 프로젝트의 성공에 어떻게 이바지할 수 있는지를 이해하고, 그들이 자신의 전문 분야에서 최고의 성과를 낼 수 있도록 환경을 조성해야 합니다.

둘째, 명확한 목표와 기대치를 설정해야 합니다. 프로젝트의 목표가 분명하고 각 팀원의 역할이 명확할 때, 팀은 더욱 효과적으로 협력할 수 있습니다. 리더는 프로젝트의 방향성을 제시하고, 각 팀원이 어떻게 이바지할 수 있는지를 명확히 해야 합니다.

셋째, 소통과 협력을 촉진해야 합니다. 다양한 배경을 가진 팀원들 사이에서는 소통의 장벽이 생길 수 있습니다. 리더는 이러한 장벽을 제거하고, 팀원들이 서로의 아이디어와 의견을 자유롭게 공유할 수 있는 개방적인 환경을 조성해야 합니다. 이를 위해 정기적인 회의, 워크숍, 팀 빌딩 활동 등을 조직할 수 있습니다.

넷째, 동기 부여와 인정을 제공해야 합니다. 팀원들이 자신의 노력이 인정받고 가치 있다고 느낄 때, 그들은 더 큰 열정을 가지고 프로젝트에 임할 것입니다. 리더는 팀원들의 성취를 인정하고, 그들의 기여를 적극적으로 칭찬함으로써 동기를 부여해야 합니다.

리더는 다양한 전문성을 가진 팀원들을 하나의 목표로 통합하고, 그들의 능력을 최대한 발휘할 수 있도록 동기를 부여하며 협업을 촉진하는 데 중요한 역할을 합니다. 이를 통해 리더는 팀이 복잡한 빅데이터 프로젝트를 성공적으로 수행하고, 조직의 목표를 달성하는 데 필요한 협력적인 환경을 조성할 수 있습니다.

4. 윤리적인 데이터 사용

빅데이터 분석 과정에서 개인정보 보호와 데이터 보안은 단순히 기술적인 문제를 넘어서는 중대한 윤리적 책임입니다. 빅데이터 리더십에서 윤리적인 데이터 사용은 리더가 단순히 데이터를 분석하고 활용하는 것 이상의 깊은 고민을 요구합니다. 이는 고객의 신뢰를 구축하고 유지하며, 조직의 명성과 지속 가능성을 보호하는 데 핵심적인 역할을 합니다.

데이터를 취급할 때, 리더는 다음과 같은 여러 중요한 원칙과 기준을 준수해야 합니다.

첫째, 각국과 지역마다 데이터 보호에 관한 법률과 규정이 있습니다. 예를 들어, 유럽연합의 개인정보보호규정GDPR이나 미국의 캘리포니아 소비자 개인정보보호법CCPA 같은 규정은 개인정보 보호에 대한 엄격한 기준을 제시합니다. 리더는 이러한 법적 요구사항을 정확히 이해하고 준수해야 합니다.

둘째, 법적 규제를 준수하는 것 이상으로, 리더는 데이터 사용에 있어서 윤리적 기준을 설정하고 지켜야 합니다. 이는 데이터를 수집, 처리, 공유할 때 개인의 사생활을 존중하고, 개인정보의 오용이나 남용을 방지하는 것을 포함합니다.

셋째, 고객이 조직에 자신의 데이터를 맡길 때, 그들은 그 데이터가 적절히 보호되고 윤리적으로 사용될 것이라는 신뢰를 기대합니다. 리더는 이러한 신뢰를 소중히 여기고, 데이터 보호와 보안에 대한 투명한 정책과 실천을 통해 그 신뢰를 지켜야 합니다.

넷째, 데이터 보안은 윤리적인 데이터 사용의 필수적인 부분입니다. 리더는 데이터 침해나 유출로부터 데이터를 보호하기 위한 강력한 보안 조치를 구현하고 유지해야 합니다. 이는 암호화, 액세스 제어, 정기적인 보안 감사 등을 포함할 수 있습니다.

다섯째, 데이터 보호와 윤리적인 사용에 대한 인식은 조직 내 모든 수준에서 중요합니다. 리더는 팀원들과 조직 구성원들이 최신 데이터 보호 법규, 윤리적 기준, 보안 관행에 대해 잘 알고 있도록 지속적인 교육과 훈련을 제공해야 합니다.

빅데이터 리더십에서 윤리적인 데이터 사용은 조직이 데이터를 취급하면서 법적, 윤리적 책임을 다하는 것을 넘어서, 고객의 신뢰를 유지하고 조직의 장기적인 성공을 보장하는 데 필수적인 요소입니다.

5. 지속적인 학습과 혁신

빅데이터 리더십에서 지속적인 학습과 혁신은 필수적입니다. 기술과 데이터 과학의 빠른 발전 속에서 리더는 최신 동향을 파악하고 새로운 기술과 방법론을 적극적으로 도입해야 합니다. 이는 조직이 경쟁력을 유지하고, 데이터 분석을 통해 더 깊은 인사이트와 효율적인 의사 결정을 가능하게 하는 데 중요합니다. 리더는 팀원들에게 정기적인 교육과 훈련을 제공하여 최신 지식과 기술을 습득하게 해야 하며, 외부 전문가와의 협력을 통해 새로운 아이디어를 도입할 수 있습니다. 또한, 실험적인 프로젝트를 수행하여 신기술의 효과를 실제 환경에서 평가하고, 이를 통해 조직 내 혁신을 촉진할 수 있습니다. 이러한 접근은 조직이 지속해서 발전하고 혁신적인 솔루션을 개발하는 데 이바지하며, 빅데이터 리더에게는 변화하는 시대에 대응하는 방법을 제시합니다.

05

목표 지향적 항해
: 미래 지향적 리더의 길

리더는 선장처럼, 팀이 목표를 향해 나아가도록 정확한 방향을
제시해야 합니다. 이 과정에서 가장 중요한 것은 명확한 목표 설
정과 그 목표에 도달하기 위한 계획 수립입니다. 리더는 또한 팀
원들이 한 방향을 향해 노를 젓도록 동기를 부여하고, 여정 중
발생할 수 있는 어려움을 극복하도록 이끕니다. 이를 통해, 리더
와 팀원들은 함께 목표를 향해 나아가며 성장합니다. 이러한 과
정은 리더가 미래를 지향하며 팀을 성공적으로 이끌기 위해 필
수적인 리더십 요소들을 포함합니다.

◇◇◇

'목표 지향적 항해'는 배가 목적지까지 가기 위해 정확한 좌표를

설정하고, 날씨와 바다의 조건을 고려하여 계획을 세우며, 전체 승무원이 협력하여 목적지에 도달하는 과정과 유사합니다. 리더는 배의 선장과 같아서, 팀원들과 함께 목표를 향해 나아가기 위해 방향을 제시하고, 도중에 발생할 수 있는 문제를 해결하며, 팀의 동기를 부여해야 합니다.

미래 지향적 리더는 단순히 현재의 업무를 관리하는 것을 넘어서, 장기적인 목표와 비전을 가지고 팀을 이끕니다. 이를 위해서는 다음과 같은 요소가 중요합니다.

1. 비전 설정

리더는 명확한 비전을 설정하여 팀원들이 공유할 수 있는 목표를 제시해야 합니다. 비전은 단순히 목표를 넘어서, 팀원들이 자신들의 일에 의미와 목적을 느낄 수 있도록 해야 합니다.

비전의 설정은 팀원들이 공통된 목표를 가지고 일할 수 있게 하며, 이는 팀의 방향성을 결정짓습니다. 리더는 이 비전을 효과적으로 소통하여, 모든 구성원이 비전을 이해하고, 이에 동참하도록 해야 합니다. 이 과정에서 리더의 열정과 확신은 팀원들에게 영감을 주고, 그들의 동기를 부여하는 중요한 요소가 됩니다.

또한, 비전은 구체적이고, 도달 가능해야 하며, 동시에 도전적

이어야 합니다. 이를 통해 팀원들은 자신들의 업무와 비전 달성을 위해 필요한 노력 사이에 명확한 연결고리를 볼 수 있습니다. 비전이 잘 설정되고 소통될 때, 팀원들은 자신들의 일상 업무 속에서도 더 큰 그림을 볼 수 있게 되며, 이는 팀의 성과와 만족도를 높이는 데 기여합니다.

비전 설정은 리더가 팀원들과 함께 미래로 나아가기 위한 첫걸음입니다. 이는 팀이나 조직이 변화와 도전에 직면했을 때, 공통된 목표를 향해 나아갈 수 있는 기반을 마련해 줍니다. 리더는 비전을 통해 팀원들을 하나로 묶고, 그들이 목표 달성을 위해 함께 노력하도록 해야 합니다.

2. 계획과 전략

목표를 달성하기 위한 구체적인 계획과 전략을 수립해야 합니다. 이 과정에서 리더는 구체적이고 실행 가능한 계획을 마련해야 합니다. 계획 수립 과정에서는 목표를 달성하기 위해 필요한 리소스의 종류와 양, 이를 효율적으로 배분하는 방법을 고려해야 합니다. 또한, 시간 관리는 프로젝트의 성공적인 완수를 위해 필수적이며, 각 단계별로 필요한 시간을 정확하게 예측하고 할당해야 합니다.

리스크 관리 역시 계획 수립 과정에서 중요한 요소입니다. 리더는 잠재적 위험을 사전에 식별하고, 이에 대한 대응 전략을 마련함으로써 프로젝트의 성공 가능성을 높일 수 있습니다. 이는 프로젝트 진행 중 발생할 수 있는 예상치 못한 문제들을 최소화하며, 팀이 목표를 향해 안정적으로 나아갈 수 있도록 합니다.

계획과 전략의 수립은 목표 달성의 길을 명확히 하며, 팀의 노력을 조직화하고 집중시킵니다. 이 과정을 통해 리더와 팀원 모두가 공통된 목표를 향해 효과적으로 나아갈 수 있는 기반을 마련합니다.

3. 팀워크와 협력 강화

리더는 팀의 성공을 위해 팀워크와 협력을 강화하는 환경을 조성하는 데 중점을 둬야 합니다. 이를 위해, 리더는 팀원들 간의 소통을 촉진하고, 서로의 의견을 존중하며 공유하는 문화를 만들어야 합니다. 각 구성원의 강점과 역량을 인식하고, 이를 팀의 목표 달성을 위해 적절히 활용하는 것이 중요합니다. 이는 팀원들이 자신의 기여가 중요하다고 느끼게 하여, 동기를 부여하고 팀의 성과를 향상시킵니다.

또한, 리더는 팀 내에서 발생할 수 있는 문제를 신속하게 해결할 수 있는 능력을 가져야 합니다. 이는 갈등 해결 메커니즘을 마련하고, 팀원들이 문제를 공개적으로 논의할 수 있는 안전한 환경을 조성함으로써 달성할 수 있습니다. 리더의 이러한 노력은 팀원들이 서로를 신뢰하고 협력하는 강력한 팀워크를 구축하는 데 필수적입니다.

팀워크와 협력을 강화하는 것은 팀의 성공을 위한 핵심 요소이며, 리더는 이를 위해 지속적으로 노력해야 합니다. 이러한 환경 속에서 팀원들은 자신의 잠재력을 최대한 발휘할 수 있으며, 공동의 목표를 향해 효과적으로 나아갈 수 있습니다.

4. 변화에 유연하게 대처

미래는 예측하기 어렵고, 변화는 불가피합니다. 이에 따라, 리더는 계획에 변화가 필요할 때 유연하게 대처할 수 있는 능력을 가져야 합니다. 변화하는 환경에 적응하고, 필요할 경우 계획을 신속하게 수정하여 팀을 새로운 방향으로 이끌 수 있어야 합니다. 이 과정에서 리더의 유연성과 적응력은 팀이 불확실성을 극복하고, 목표를 향해 계속 나아갈 수 있게 하는 핵심 요소가 됩니다. 리더가 이러한 자세를 갖추는 것은 팀이 변화에 효과적으로 대응하며 성공적으로 발전해 나가는 데 중요합니다.

이러한 접근 방식은 리더가 명확한 목표를 설정하고, 팀을 효과적으로 이끌며, 변화하는 환경에 적응하는 데 필요한 기술과 덕목을 구축하는 데 도움이 됩니다.

06

차원을 넘나드는 리더십
: 다양한 관점의 통합

다양한 배경과 전문 분야를 가진 구성원들의 아이디어를 통합하는 리더십은 조직 내 다양성을 존중하고 활용합니다. 리더는 다른 지식과 경험을 가진 구성원들이 협력하여 창의적인 해결책을 도출하도록 합니다. 이 과정에서 각자의 의견을 듣고 팀을 큰 목표로 이끄는 것이 중요합니다. 이러한 리더십은 조직의 다양성을 강점으로 전환하며, 변화에 능동적으로 대응할 수 있는 기반을 마련합니다. 구성원 간의 상호 존중과 이해를 촉진함으로써, 내부 커뮤니케이션과 협업이 강화됩니다. 각자가 자신의 장점을 최대한으로 발휘할 수 있도록 격려하며, 자유로운 아이디어 제시를 장려합니다. 이는 조직의 혁신적 사고와 창의력을 증진하며, 포용적이고 다양한 아이디어가 존중받는 문화를 조성합니다. 결국, 이 리더십 스타일은 조직의 지속 가능한 성장과 발전을 촉진하는 핵심 요소가 됩니다.

◇◇◇

한 기술 스타트업의 CEO가 있습니다. 이 CEO는 엔지니어링, 마케팅, 디자인, 재무 등 다양한 부서의 팀원들과 소통하면서 각자의 전문 지식과 아이디어를 모아 새로운 제품을 개발합니다. 이 과정에서 CEO는 각 팀의 의견을 존중하고, 서로 다른 관점을 통합해 최종적인 결정을 내립니다. 결과적으로, 이러한 통합적 접근 방식 덕분에 회사는 혁신적인 제품을 시장에 선보이며 큰 성공을 거둡니다.

차원을 넘나드는 리더십은 복잡하고 다양한 현대 사회에서 특히 중요합니다. 이러한 리더십은 다양성을 존중하고, 서로 다른 배경과 전문 지식을 가진 사람들이 하나의 팀으로 효과적으로 작동할 수 있도록 합니다. 이를 통해 팀은 더 넓은 시야를 가지고 문제를 바라보고, 창의적이고 혁신적인 해결책을 도출할 수 있습니다.

차원을 넘나드는 리더십은 다음과 같은 여러 요소를 포함합니다.

1. 다양성 존중

조직 내 다양성의 존중은 팀원들이 각자의 문화적, 교육적, 전문적 배경에서 오는 독특한 관점과 아이디어를 제공할 수 있도록 합니다. 이는 팀 내에서 창의력과 혁신을 촉진하며, 다양한 문제 해결 방법을 제시하여 조직의 성공에 이바지합니다. 리더와 구성원 모두가 이 다양성을 인정하고 존중함으로써 상호 존중과 이해의 문화를 조성할 수 있습니다. 이러한 접근은 팀의 다양성을 강점으로 전환해, 보다 포용적이고 생산적인 환경을 만드는 데 중요한 역할을 합니다. 다양성을 존중하는 조직은 더 넓은 시야를 가지고 혁신적인 해결책을 찾아낼 수 있는 능력을 갖추게 됩니다.

2. 통합적 사고

다양한 아이디어와 관점을 통합하여 혁신적인 해결책을 도출하는 과정은 팀원들이 각자의 고유한 지식과 경험을 공유하며 동시에 공통의 목표를 향해 협력하는 것을 포함합니다. 이 과정에서, 서로 다른 분야와 배경을 가진 팀원들의 아이디어가 결합하여, 보다 광범위하고 다양한 해결 방안이 탐색 됩니다. 통합적 사고는 복잡한 문제를 해결하기 위한 보다 효과적이고 창의적인 접근 방식을 가능하게 합니다. 이러한 방식을 채택함으로써, 팀이나 조직은 급변하는 환경에서 지속 가능한 성공을 추구할 수 있게 됩니다. 통합적 사고는 다양성을 통한 혁신을 촉진하며, 이는 팀의 창의성과 문제 해결 능력을 극대화합니다. 결국, 이러한 접근 방식은 조직이 더 포용적이며, 유연하고, 경쟁력 있는 환경을 조성하는 데 이바지합니다.

3. 소통 강화

팀원들 간의 효과적인 의사소통은 아이디어와 정보의 원활한 공유 및 통합에 핵심적인 역할을 합니다. 이 과정은 각자가 자기 생각과 제안을 자유롭게 나누며, 동시에 타인의 아이디어에 적극적으로 경청하고 반응할 수 있는 환경을 조성합니다. 이런 열린 소통은 팀 내에서 다른 관점의 이해와 존중이라는 문화를 형성하게 하고, 결국 팀워크 및 협업을 발전시킵니다. 향상된 소통 구조 속에서는 문제 해결과 의사 결정 과정이 더 원활하고 효과적으로 진행됨을 알 수 있습니다. 이런 과정은 조직 목표의 성취를 위해 중요한 기반이 되며, 팀 성공을 앞당기는 데 결정적인 역할을 합니다. 의사소통의 질적 향상은 아이디어와 관점의 효율적 통합을 촉진하며, 이는 창의적이며 혁신적인 해결책을 찾아내는 데 중요합니다. 결국, 효과적인 의사소통은 조직 전체의 목표 달성을 위한 공동의 노력을 강화하고, 성공을 위한 견고한 기반을 마련합니다.

4. 유연성

유연성은 변화하는 상황과 요구에 적극적으로 대응하기 위해 다양한 접근 방식을 채택하고 전략을 조정하는 능력을 의미합니다. 이는 리더와 팀원들이 고정된 사고방식에 묶이지 않고, 주어진 상황에 맞는 최적의 해결책을 찾아내는 데 중요한 역할을 합니다. 유연성을 갖춘 조직은 외부 환경의 변화나 내부의 도전에 능동적으로 대응할 수 있으며, 이는 조직의 지속 가능한 성장과 발전을 가능하게 합니다.

또한, 유연한 접근 방식을 통해 팀 내에서 다양한 아이디어와 전략을 실험하고 적용하면서 혁신을 촉진할 수 있습니다. 이는 팀이나 조직이 빠르게 변화하는 현대 사회 속에서 성공적으로 적응하고 성장하는 데 필수적인 특성임을 의미합니다. 유연성은 변화에 대한 긍정적인 태도와 함께, 새로운 상황에 대한 빠른 학습과 적응 능력을 포함합니다.

그러므로, 유연성은 단순히 문제를 해결하는 방법을 바꾸는 것 이상을 의미합니다. 그것은 조직의 문화와 사고방식을 변화시키며, 더 넓은 범위에서 기회를 발견하고 활용하는 데 중요합니다. 결국, 유연성은 조직이 불확실성과 변화에 강해지도록 만들며, 지속 가능한 성공을 위한 기반을 마련합니다.

이러한 리더십 스타일은 오늘날 급변하는 세계에서 조직이 성공적으로 발전하고, 지속 가능한 혁신을 추구하는 데 필수적입니다. 다양한 관점을 통합하고, 모든 구성원의 잠재력을 최대한 활용하는 리더만이 진정한 변화를 이끌 수 있습니다.

07

문화의 다리를 건너는 리더십

글로벌 시대에 필요한 리더십은 다양한 문화적 배경을 가진 사람들을 효과적으로 통합합니다. 이 리더십은 팀 내의 문화적 차이를 인식하고 이를 존중하며, 그것을 팀의 장점으로 변화시킵니다. 리더는 구성원들의 다양성을 깊이 이해하며, 이를 기반으로 한 협력적이고 포용적인 작업 환경을 만듭니다. 이러한 환경은 팀의 창의력과 혁신을 촉진하는데, 이는 글로벌 목표를 달성하기 위해 필수적입니다. 다양한 관점과 아이디어가 모이는 곳에서, 글로벌 목표 달성이 가능해집니다. 결국, 문화적 다양성을 포용하는 이 리더십 스타일은 글로벌 시대의 조직 성공의 열쇠를 제공합니다.

◇◇◇

한 국제 기업에서 서로 다른 국가 출신의 팀원들로 구성된 프로젝트팀이 있습니다. 이 팀의 리더는 각 팀원의 문화적 배경을 깊이 이해하고 존중하는 자세를 가지고 있습니다. 리더는 이 다양성을 팀의 강점으로 활용하여, 서로 다른 문화적 관점을 조화롭게 통합합니다. 예를 들어, 팀 미팅을 계획할 때 각국의 공휴일을 고려하거나, 프로젝트 설계에 다양한 문화적 시각을 반영하는 등의 노력을 합니다. 이러한 접근 방식은 팀 내의 상호 이해와 존중을 증진하며, 팀의 목표 달성에 크게 기여합니다. 이런 리더십은 팀의 창의력과 혁신을 높이며, 국제적인 프로젝트의 성공을 이끕니다.

문화의 다리를 건너는 리더십은 다양한 문화적 배경을 가진 팀원들 사이의 이해와 감수성을 바탕으로 합니다. 이 리더십 스타일은 팀 내 다양성을 인식하고, 그것을 팀의 주요 강점으로 활용하는 데 주안점을 둡니다. 리더는 팀원 각자의 문화적 배경과 가치관, 그리고 커뮤니케이션 스타일을 깊이 이해하고 존중하기 위해 노력합니다. 이 과정에서 리더는 팀원들 사이에 신뢰를 구축하고, 모두가 함께 목표를 달성하기 위해 협력할 수 있는 긍정적인 환경을 만들어냅니다.

리더는 문화적 차이를 단순히 인정하는 것을 넘어서, 이를 팀의 결정과 전략에 적극적으로 반영함으로써 혁신을 촉진합니다. 이러한 접근법은 팀 내에서 창의적인 아이디어와 해결책이 자연스럽게 발생하도록 합니다. 또한, 다양한 문화적 관점을 포용함으로써 팀은 더 포괄적이고 유연한 사고방식을 개발할 수 있습니다. 이는 세계 시장에서 성공하기 위해 필수적인 요소 중 하나입니다.

성공적인 다문화 팀 관리를 위해서 리더는 지속해서 자신의 문화적 이해와 감수성을 키워나가야 합니다. 이 과정에서 리더는 팀원들로부터도 배우며, 이를 통해 팀 전체의 문화적 역량을 강화할 수 있습니다. 결국, 문화의 다리를 건너는 리더십은 다양성을 조직의 가장 큰 자산으로 전환하며, 이를 통해 조직은 더욱 강력하고 혁신적인 성과를 달성할 수 있습니다.

이러한 리더십은 글로벌 시대에 맞는 리더의 필수 덕목이며, 다양성을 장점으로 살려 조직의 성공을 이끌 수 있습니다.

08

혁신의 마법사
: 미래 기술을 이끄는 리더

기술 변화의 속도에 발맞춰 새로운 아이디어를 제시하고 현실화하는 리더를 지칭합니다. 이들은 창의력과 미래에 대한 명확한 비전을 바탕으로 팀과 조직의 혁신을 주도합니다. 끊임없는 변화를 수용하며, 이를 통해 조직 내부의 창의적인 문화를 장려합니다. 혁신의 마법사는 기술 개발뿐만 아니라, 이를 사회적, 경제적 발전에 적용하여 실질적인 변화를 이끕니다. 이런 리더십은 현대 사회에서 조직이 지속 가능한 성장을 이루는 데 필수적입니다.

◇◇◇

일론 머스크는 혁신적인 리더로서 테슬라와 스페이스X를 이끌며 미래 기술의 길을 제시하고 있습니다. 전기 자동차 분야에서 테슬라를 선도하며, 환경친화적인 이동 수단을 대중화시켰습니다. 또한, 우주여행과 관련된 기술 개발을 통해 스페이스X로 우주 산업의 새로운 장을 열었습니다. 이러한 노력은 지속 가능한 에너지 사용과 우주 탐사라는 인류의 두 가지 큰 도전을 해결하려는 그의 비전에서 비롯됩니다. 머스크의 리더십은 단순히 기술적 성과에만 그치지 않고, 사회적, 경제적 변화를 이끄는 데 큰 영향을 미쳤습니다. 그는 혁신을 통해 불가능해 보이는 목표에 도전하며, 미래 기술의 방향을 설정하는 데 중요한 역할을 하고 있습니다. 일론 머스크의 사례는 혁신의 마법사가 어떻게 세상을 변화시킬 수 있는지 보여줍니다.

혁신적인 리더는 단지 새로운 기술이나 제품을 만드는 것에 그치지 않습니다. 이들은 그 기술이 사회와 산업에 긍정적인 영향을 미칠 수 있도록 하는 데 초점을 맞춥니다. 이러한 리더들은 미래에 대한 통찰력을 바탕으로 현재 우리가 직면하고 있는 문제들에 대한 창의적이고 혁신적인 해결책을 제안합니다.

혁신적인 리더는 미래의 변화를 예측하고, 이를 통해 새로운 기회를 창출하려고 합니다. 이들은 산업의 변화를 주도하며, 이를 통해 경제적 가치는 물론, 사회적 가치까지 창출하는 데 기여합니다. 예를 들어 지속 가능한 에너지 솔루션을 개발함으로써 환경 보호에 기여하거나, 디지털 기술을 활용해 교육의 질을 높이는 등의 방법으로 말이죠.

또한, 이러한 리더는 실패를 두려워하지 않습니다. 오히려 실패를 중요한 학습의 기회로 보고, 이를 통해 더 나은 결과를 도출하기 위한 노력을 지속합니다. 이런 접근 방식은 팀원들에게도 긍정적인 영향을 미치며, 실패를 통해 배우고 성장하는 문화를 조성합니다.

혁신적인 리더는 팀원들을 격려하고 지원함으로써, 모두가 창의적인 아이디어를 자유롭게 공유하고, 실험할 수 있는 환경을 만듭니다. 이는 조직 전체가 혁신적인 문화 속에서 함께 성장하고 발전하는 기반을 마련합니다.

이 과정에서 중요한 것은 비전을 공유하고, 목표를 향해 함께 나아가는 팀워크입니다. 혁신적인 리더는 이러한 팀워크를 바탕으로 조직을 이끌며, 사회와 산업에 긍정적인 변화를 불러오는 데 핵심적인 역할을 합니다. 이렇게 그들은 단순히 혁신을 추구하는 것을 넘어, 그 혁신이 가지는 의미와 가치를 실현하며, 더 나은 미래를 만들어가는 데 기여합니다.

이러한 리더십은 기술이 빠르게 발전하는 현대 사회에서 조직이 경쟁력을 유지하고 성장하기 위해 필수적입니다. 혁신의 마법사처럼 리더가 되기 위해서는 지속적인 학습, 개방적인 사고방식, 그리고 끊임없는 도전이 필요합니다.

09

윤리적 리더십
: 도덕적 기준을 세우다

윤리적 리더십은 리더가 설정한 도덕적 기준에 따라 행동하는 것입니다. 이러한 리더십은 팀원과 조직 전체에 긍정적인 영향을 줍니다. 리더의 도덕적 행동은 조직 내부의 윤리적 수준을 향상하는 데 기여합니다. 이 과정에서 리더는 정직, 책임감, 공정함과 같은 가치를 실천함으로써 본보기가 됩니다. 결국, 윤리적 리더십은 조직의 도덕적 기준을 높이고, 신뢰와 존중의 문화를 조성하는 데 핵심적인 역할을 합니다.

한 기업의 최고경영자CEO가 어떻게 윤리적 리더십을 실천하는지에 관한 보다 상세한 설명을 하겠습니다.

이 CEO는 모든 경영 결정 과정에서 투명성을 최우선 가치로 여깁니다. 예를 들어, 중요한 결정을 내릴 때마다 그 배경, 고려 사항, 예상되는 결과 등을 모든 구성원과 공유합니다. 이러한 과정에서 직원들은 자신의 의견을 자유롭게 표현할 기회를 얻게 되며, CEO는 이러한 의견들을 적극적으로 수렴하여 최종 결정에 반영합니다. 이는 직원들이 조직의 중요한 일부라고 느끼게 하며 그들의 목소리가 실제로 중요하다는 것을 보여줍니다.

그뿐만 아니라 이 CEO는 윤리적 기준을 엄격히 준수합니다. 부정한 방법으로 단기적인 이익을 얻는 대신, 장기적인 관점에서 정직하고 윤리적인 방법으로 사업을 운영합니다. 예를 들어, 경쟁사와의 경쟁에서 불공정한 방법이나 정보의 불법적인 사용을 철저히 배제하며, 모든 거래에서 공정함을 유지합니다. 이러한 행동은 외부 이해관계자들 사이에서도 회사의 명성을 높이는 결과를 가져옵니다.

이처럼 CEO의 행동은 직원들에게 정직과 투명성의 중요성을 강조합니다. 그 결과, 직원들도 개인적인 업무에서 이러한 가치를 실천하려는 자세를 갖게 됩니다. 이는 궁극적으로 조직 내에서 신뢰와 존중의 문화를 조성하는 데 기여하며, 직원들 사이의 협력을 강화하고, 조직의 전반적인 성과를 향상합니다.

이러한 윤리적 리더십의 실천은 단순히 올바른 일을 하는 것을 넘어서 조직 전체의 가치와 문화를 형성하는 데 중요한 역할을 합니다. CEO의 이러한 행동과 결정은 다른 리더들에게도 모범이 되며, 전체 조직이 윤리적 기준을 높이고 지속 가능한 성공을 추구하는 방향으로 나아가도록 합니다.

윤리적 리더십은 단순히 올바른 일을 하는 것을 넘어서, 리더가 자기 행동과 결정을 통해 올바른 도덕적 기준을 세우고, 이를 실천함으로써 조직 내외부에 긍정적인 영향을 미치는 것입니다. 이러한 리더십은 직원들의 도덕적 판단력을 향상하고, 윤리적 문제에 대한 인식을 높일 수 있습니다. 또한, 윤리적 리더십은 조직의 명성을 강화하고, 장기적인 성공을 위한 기반을 마련합니다. 리더가 정직, 책임감, 공정함과 같은 윤리적 가치를 내면화하고 실천할 때, 이는 조직 전체의 윤리 문화를 형성하는 데 기여합니다.

윤리적 리더십은 조직뿐만 아니라 사회 전체에 긍정적인 변화를 불러올 수 있는 중요한 역량입니다. 리더들이 이를 실천함으로써 더 나은 조직 문화와 사회를 만들어 갈 수 있습니다.

사회적 책임

리더는 단순히 조직이나 팀 내부의 문제에만 관심을 가지는 것이 아니라, 그들의 행동이 외부 사회에 어떤 영향을 미치는지에 대해서도 깊이 고민하고 책임을 져야 합니다. 이는 리더가 자신의 결정과 행동을 통해 더 큰 사회적 가치와 이익을 추구해야 한다는 의미입니다.

예를 들어, 한 기업의 리더가 환경 보호를 중요시하며, 지속 가능한 제품 개발과 친환경적인 생산 방식을 도입하는 결정을 내린다고 생각해 봅시다. 이러한 결정은 단지 회사의 이미지를 개선하는 것을 넘어서, 실제로 환경에 미치는 긍정적인 영향을 통해 사회 전체에 기여할 수 있습니다. 또한 이는 소비자들에게도 윤리적 소비를 장려하고, 다른 기업에도 좋은 본보기가 될 수 있습니다.

사회적 책임을 실천하는 윤리적 리더십은 기업의 장기적인 성공에도 기여합니다. 소비자들은 점점 더 윤리적인 기업을 선호하고 있으며, 사회적 책임을 중시하는 기업에 긍정적인 이미지를 가지고 있습니다. 따라서, 사회적 책임을 중요시하는 리더십은 기업의 명성을 높이고, 소비자들의 신뢰를 얻는 데 중요한 역할을 합니다.

조직 내부의 문화에도 영향을 미칩니다. 리더가 사회적 책임을 중시하며, 그 가치를 조직 내에 전파할 때, 직원들도 이러한 가치를 내면화하고 실천하려는 의지를 가지게 됩니다. 이는 조직의 윤리적 수준을 높이고, 직원들 사이의 협력과 팀워크를 강화하는 데 기여할 수 있습니다.

단순히 도덕적인 의무를 넘어서, 조직의 성공, 사회적 영향력, 그리고 조직 문화에까지 긍정적인 영향을 미치는 중요한 요소입니다. 리더는 이를 통해 더 나은 사회를 만드는 데 기여하며, 동시에 조직의 장기적인 성공을 도모할 수 있습니다.

10

미래의 도전을 극복하는 리더십

끊임없이 변하는 상황 속에서도 팀을 성공으로 이끄는 리더의 능력입니다. 이러한 리더는 미래를 내다보며 발생할 수 있는 문제를 예측하고, 이에 대한 대비책을 마련합니다. 그들은 예상치 못한 문제가 발생했을 때, 이를 기회로 삼아 혁신적인 해결책을 찾습니다. 또한, 팀을 올바른 방향으로 이끌기 위해 명확한 비전과 목표를 설정하고, 이를 달성하기 위한 전략을 수립합니다. 이 과정에서 리더는 팀원들과의 소통을 강화하며, 모두가 한 방향으로 나아갈 수 있도록 동기를 부여합니다.

예를 들어, 한 기업의 CEO가 기술의 급속한 발전으로 인해 시장이 변화하고 있다는 것을 인지하고, 회사의 비즈니스 모델을 디지털 중심으로 전환하여 새로운 시장 기회를 창출한 경우입니다. 이는 미래의 도전을 예측하고, 혁신을 통해 성공적으로 극복한 리더십의 좋은 예시입니다.

예시로 든 상황은 기업 환경에서 리더십의 중요성을 잘 보여줍니다. 여기서 CEO는 기술 발전이라는 외부 환경의 변화를 빠르게 인식했습니다. 이러한 변화는 기존의 비즈니스 모델로는 경쟁력을 유지하기 어려움을 의미했고, 따라서 CEO는 회사의 방향을 새롭게 정의해야 했습니다.

CEO는 디지털 기술을 적극적으로 활용하여 회사의 비즈니스 모델을 전환함으로써, 변화를 두려워하지 않고 적극적으로 수용했습니다. 이는 단순히 위기를 관리하는 것이 아니라, 위기를 기회로 전환하여 새로운 시장을 창출하고, 회사를 미래 지향적으로 이끌어가는 전략적인 결정이었습니다.

이 과정에서 중요한 것은 CEO가 명확한 비전을 가지고 있었고, 이 비전을 실현하기 위한 구체적인 전략과 계획을 수립했다는 점입니다. 또한, 이러한 변화를 성공적으로 이끌기 위해 내부 팀원들과의 소통을 강화하고, 변화에 대한 이해와 지지를 얻어야 했습니다.

이러한 리더십은 회사가 새로운 디지털 시대에 맞춰 성장하고 발전할 수 있는 기반을 마련해주었습니다. 이 예시는 미래의 도전 앞에서 혁신적이고 전략적인 접근을 통해 성공을 끌어낸 리더십의 우수한 사례로 볼 수 있습니다.

미래의 도전을 극복하는 리더십은 리더가 지속해서 외부 환경을 분석하고, 내부 역량을 강화하는 것에서 시작됩니다. 이러한 리더는 변화를 두려워하지 않고, 적극적으로 새로운 기술이나 방법론을 도입하여 조직의 경쟁력을 높입니다. 또한, 팀원들을 격려하고 동기를 부여하여, 변화에 대한 저항을 줄이고 조직 전체의 유연성을 향상합니다. 이 과정에서 소통의 중요성이 강조되며, 리더는 명확한 비전과 방향성을 제시하여 팀원들이 변화의 필요성을 이해하고, 목표 달성을 위해 함께 노력할 수 있도록 해야 합니다.

PART 2

영향력의
새로운 언어

리더는 다양성을 포용하며,
모두에게 영향을
미치는 방법을 찾는다.

01

감정의 열쇠를 쥐고
: 깊은 연결 만들기

리더십의 중요한 측면을 다룹니다. 이는 리더가 단순한 업무 수행 능력 이상을 갖추어야 함을 의미합니다. 특히, 팀원들과의 감정적 유대감 형성이 강조됩니다. 리더가 팀원들의 감정을 진정으로 이해하고 공감할 때, 이는 더 깊고 의미 있는 관계로 발전할 수 있습니다. 이러한 관계는 팀의 화합과 성과에 긍정적인 영향을 미칩니다. 따라서, 리더는 감정적 인식과 공감 능력을 발달시켜야 합니다. 이것이 바로 효과적인 리더십을 위한 기반이 됩니다.

◇◇◇

팀 내에서 팀원 한 명이 개인적인 어려움을 겪고 있다고 상상해 봅시다. 이 팀원은 스트레스와 걱정으로 인해 업무에 제대로 집중할 수 없는 상태입니다. 이런 상황에서 리더의 역할이 중요하게 됩니다. 리더는 먼저 팀원의 문제를 인지하고, 이에 대해 개방적이고 이해심 있는 태도로 접근해야 합니다.

리더는 팀원에게 문제를 공유할 수 있는 안전한 환경을 제공함으로써, 그가 자신의 어려움을 털어놓을 수 있도록 격려해야 합니다. 이 과정에서 리더는 비판적이거나 평가적인 태도를 피하고, 대신 공감과 지지를 표현해야 합니다. 팀원이 자신의 문제를 솔직하게 말할 수 있도록 돕는 것이 중요합니다.

리더가 팀원의 상황을 이해하고 적절한 지원을 제공하면, 팀원은 문제를 해결하는 데 필요한 자원과 동기를 얻게 됩니다. 이는 팀원이 더 빠르게 회복하고 업무에 다시 집중할 수 있게 도와줍니다.

이런 접근 방식은 단순히 한 팀원을 돕는 것을 넘어서, 팀 전체의 분위기와 문화에 긍정적인 영향을 미칩니다. 팀원들은 리더가 자신들의 개인적인 문제에도 관심을 가지고 지원을 제공할 준비가 되어 있다는 것을 알게 되며, 이에 따라 팀원 간의 신뢰와 연대감이 강화됩니다. 결국, 이러한 감정적 유대감은 팀의 전반적인 성과와 만족도를 향상하는 데 이바지하게 됩니다.

감정의 열쇠를 쥐고, 깊은 연결을 만들기 위한 첫걸음은 리더

자신의 감정을 이해하고 관리하는 능력, 즉 자기감정 인식에서 시작됩니다. 이는 리더가 자신의 감정적 반응을 명확히 인지하고, 그 원인을 이해할 수 있게 함으로써, 더 건강한 방식으로 감정을 조절할 수 있도록 돕습니다. 자신의 감정을 제어하는 것은 리더로서의 결정과 행동에 긍정적인 영향을 미칩니다.

두 번째로 중요한 것은 타인의 감정을 이해하고 그에 공감할 수 있는 능력입니다. 공감 능력은 다른 사람의 관점에서 사물을 바라보고, 그들의 감정을 이해하려는 노력을 포함합니다. 이는 팀원들과의 관계에서 신뢰를 구축하고, 각각의 팀원이 자기 잠재력을 최대한 발휘할 수 있는 환경을 조성하는 데 필수적입니다.

이 두 가지 핵심 능력, 자기감정 인식과 공감 능력으로 리더는 팀 내에서 신뢰할 수 있는 분위기를 조성할 수 있습니다. 신뢰는 팀원들이 서로를 더 잘 이해하고 지원할 수 있는 기반을 마련하며, 이는 팀의 전반적인 성과와 만족도를 향상합니다.

리더가 자신의 감정을 관리하고 타인의 감정에 공감할 수 있는 능력을 갖추면, 이는 강력한 리더십의 기반이 됩니다. 이러한 능력은 팀원들 사이에 긍정적인 관계를 형성하고, 팀워크와 협력을 증진하는 데 중요한 역할을 합니다.

팀워크 강화

위에서 언급된 리더의 자기감정 인식과 공감 능력은 팀워크를 강화하는 데 있어 핵심적인 역할을 합니다. 리더가 자신의 감정을 이해하고 관리할 수 있을 때, 그는 더욱 명확하고 진정성 있는 커뮤니케이션을 팀원들과 나눌 수 있습니다. 이는 팀 내에서 신뢰의 기반을 마련하고, 각 구성원이 서로를 이해하고 지지하는 문화를 조성하는 데 이바지합니다.

또한 리더의 공감 능력은 팀원 개개인의 감정과 생각을 이해하고 존중하는 태도를 보여줌으로써, 팀 내에서 긍정적인 관계를 형성하는 데 중요합니다. 공감은 팀원들이 서로의 다양성을 인정하고, 각자의 독특한 기여를 존중하는 데 도움을 줍니다. 이러한 환경은 팀원들이 자유롭게 아이디어를 공유하고, 창의적인 해결책을 함께 모색할 수 있는 기반을 제공합니다.

팀워크를 강화하기 위해 리더는 팀원들이 서로의 강점을 활용하고, 약점을 보완할 수 있도록 격려해야 합니다. 이를 위해서는 팀원들 간의 열린 소통과 협력이 필수적이며, 리더의 자기감정 인식과 공감 능력이 이러한 과정을 원활하게 만듭니다. 리더가 팀원들에게 긍정적인 영향을 미칠 때, 팀원들은 서로에 대한 신뢰와 존중을 바탕으로 더욱 긴밀하게 협력하게 됩니다.

팀워크를 강화하는 것은 팀의 성과와 만족도를 높이는 데 결정적인 역할을 합니다. 리더의 자기감정 인식과 공감 능력은 팀 내에서 신뢰와 협력의 문화를 조성하고, 각 팀원이 자기 잠재력을 최대한 발휘할 수 있는 환경을 만드는 데 중추적인 역할을 합니다.

02

소통의 마술사
: 말 이상의 커뮤니케이션

단순히 말하는 것을 넘어서는 소통 방식을 의미합니다. 이는 우리의 몸짓, 표정, 그리고 분위기와 같은 비언어적 요소를 포함합니다. 이러한 요소들은 종종 말로 표현하는 것보다 더 강력한 메시지를 전달할 수 있습니다. 말을 통해 전달하는 내용이 중요하지만, 비언어적 신호들은 그 메시지의 진정성과 감정을 더욱 강조합니다. 예를 들어, 따뜻한 미소나 확신에 찬 자세는 긍정적인 감정과 자신감을 전달할 수 있습니다. 반대로, 무관심한 태도나 피하는 눈빛은 부정적인 메시지를 전달할 수 있습니다. 따라서, 효과적인 커뮤니케이션을 위해서는 이러한 비언어적 요소들을 의식적으로 관리하는 것이 중요합니다.

◇◇◇

팀장이 한 팀원에게 격려의 말을 전하는 상황을 상상해 보세요. "잘하고 있어, 계속해 봐."라고 팀장이 말합니다. 하지만, 상황은 단순히 말에서 끝나지 않습니다. 팀장의 목소리에는 열정이나 관심이 느껴지지 않습니다. 오히려, 그의 목소리는 무관심하게 들립니다. 또한, 팀장이 문 쪽을 향해 몸을 돌려 앉아 있어, 팀원들과의 대화에 집중하지 않는 듯한 인상을 줍니다. 그리고 팀장이 팀원과 눈을 마주치지 않아, 소통에 있어 진심으로 관심이 없어 보입니다. 이러한 비언어적 신호들은 팀장이 전달하려는 격려의 메시지와 상반되는 효과를 낳습니다. 결과적으로, 팀원은 말의 내용보다 이러한 비언어적 신호를 통해 부정적인 감정을 느낄 수 있습니다. 이 상황은 비언어적 커뮤니케이션이 얼마나 강력한 영향을 미칠 수 있는지를 보여줍니다.

인간 간의 소통에 있어서, 우리가 내뱉는 말 이외에도 다양한 비언어적 요소가 중요한 역할을 차지합니다. 이러한 비언어적 요소는 몸짓, 표정, 눈의 접촉, 자세, 그리고 목소리의 톤과 속도를 포함합니다. 이들은 우리의 감정, 태도, 그리고 복잡한 인간관계를 표현하는 데 말보다 훨씬 더 효과적일 수 있습니다. 사람들은 종종 의식하지 않게 이러한 신호를 통해 자신의 진정한 감정과 생각을 전달합니다.

리더에게 있어 이러한 비언어적 신호들을 의식적으로 이해하고 사용하는 것은 매우 중요합니다. 올바른 비언어적 소통은 리더의 메시지를 더욱 명확하고 강력하게 만들 수 있습니다. 예를 들어, 긍정적인 몸짓과 격려하는 톤은 팀원들의 동기를 부여할 수 있으며, 신뢰와 존중의 분위기를 조성할 수 있습니다.

반대로 부정적인 비언어적 신호는 의도치 않게 팀원들에게 혼란이나 불안을 줄 수 있습니다. 따라서 리더는 자신의 비언어적 커뮤니케이션 방식을 지속해서 관찰하고 조정함으로써, 원하는 메시지를 보다 효과적으로 전달할 수 있는 능력을 개발해야 합니다. 이는 팀의 성공과 긍정적인 관계 구축에 핵심적인 역할을 합니다.

리더의 청취 기술

리더십의 핵심 요소 중 하나로, 팀원들의 의견, 아이디어, 그리고 우려 사항을 진심으로 이해하고 반영하기 위한 과정입니다. 이러한 청취는 리더가 팀원들에게 존중과 가치를 느끼게 하며, 효과적인 의사소통과 신뢰 구축의 기반을 마련합니다. 다음은 리더의 청취 기술에 대한 자세한 설명입니다.

1. 능동적 청취

리더가 팀원의 말에 집중하여 그들의 의견을 정확히 파악하고 이해하는 과정입니다. 이를 위해 리더는 말하는 이의 주요 포인트를 식별하고, 필요한 경우 질문을 통해 추가 정보를 얻거나 명확히 합니다. 리더의 이러한 태도는 팀원들이 자기 생각과 감정을 솔직하게 표현하도록 격려하며, 상호 존중과 신뢰의 분위기를 조성합니다. 능동적 청취는 리더와 팀원 사이의 효과적인 의사소통과 관계 강화에 도움이 됩니다.

2. 공감적 청취

리더의 공감 능력은 팀원들이 자기 생각과 감정을 솔직하게 나눌 수 있는 안전한 환경을 만드는 데 핵심적입니다. 이를 통해, 팀원들은 자신의 의견이 존중받고 이해되고 있다고 느낍니다. 리더가 팀원의 관점과 감정에 공감함으로써, 상호 신뢰와 지지의 분위기가 조성됩니다. 이 과정에서 팀원들은 더욱 열린 마음으로 소통하게 되며, 이는 팀 내 협력과 성과를 촉진합니다. 결론적으로, 리더의 공감 능력은 팀의 단결력과 성공에 필수적인 요소입니다.

3. 비판적 청취

리더는 제공된 정보를 깊이 있게 분석하고 평가할 수 있는 능력이 필요합니다. 이 능력으로 리더는 정보의 중요성을 판별하고, 어떤 정보가 의사 결정 과정에서 중요할지 결정할 수 있습니다. 또한, 이는 리더가 복잡한 상황에서도 현명한 결정을 내리는 데 도움을 줍니다. 정보 분석과 평가는 팀이 직면한 문제를 효과적으로 해결하고, 기회를 최대한 활용할 수 있도록 합니다. 결국, 이러한 능력은 리더가 조직의 목표 달성에 있어 중추적인 역할을 하게 만듭니다.

4. 반응과 피드백 제공

리더는 들은 내용에 대해 적절하고 생산적인 방식으로 반응하고 피드백을 제공해야 합니다. 이 과정에서 상대방이 자신의 의견이 가치 있고 존중받는다고 느끼도록 해야 합니다. 제공되는 피드백은 구체적이고, 명확하며, 건설적인 내용을 담아야 하며, 격려의 메시지도 포함되어야 합니다. 이러한 피드백은 소통을 강화하고, 팀원의 동기를 부여하며, 긍정적인 분위기를 조성하는 데 도움이 됩니다. 결국, 효과적인 피드백은 팀의 성장과 발전을 촉진하는 중요한 역할을 합니다.

5. 질문하기

리더는 대화의 깊이를 더하기 위해 적절한 질문을 할 수 있어야 합니다. 이런 질문은 대화 상대방이 자기 생각과 의견을 더 명확하고 상세하게 표현하도록 유도합니다. 또한, 질문을 통해 리더는 상황이나 문제에 대한 보다 깊은 이해를 얻을 수 있습니다. 질문은 의사소통을 촉진하고, 상호 이해를 강화하는 중요한 도구입니다. 이 과정은 리더와 팀원 사이의 신뢰를 구축하며, 효과적인 결정을 내리는 데 도움이 됩니다.

6. 비언어적 신호의 인식

청취는 단순히 말을 듣는 것 이상을 의미합니다; 비언어적 신호의 해석도 포함됩니다. 리더는 팀원의 몸짓, 눈빛, 표정과 같은 비언어적 요소들에 주의를 기울여야 합니다. 이를 통해, 리더는 팀원들의 진짜 감정과 반응을 더 잘 이해할 수 있게 됩니다. 비언어적 신호를 통한 이해는 말로 표현되지 않은 내용까지 파악하는 데 중요합니다. 이러한 깊은 이해는 리더가 팀원과 더 효과적으로 소통하고 연결될 수 있도록 돕습니다.

효과적인 리더의 청취 기술은 팀원들이 자신을 가치 있고 중요하게 여기게 만들며, 이는 팀 내 신뢰와 협력을 촉진합니다. 또한,

리더가 청취를 통해 얻은 정보와 통찰력은 조직의 의사 결정 과정에 귀중한 자원이 됩니다. 이를 바탕으로, 리더는 조직의 전략 수립과 문제 해결 과정에서보다 효과적이고 현명한 결정을 내릴 수 있습니다. 청취 기술을 통해 얻은 통찰력은 리더가 팀원들의 동기 부여, 참여도 향상, 그리고 전반적인 팀 성과에 긍정적인 영향을 미치는 방향으로 행동할 수 있게 도와줍니다.

03

이야기의 힘
: 영향력 있는 내러티브 구축

사람들을 움직이게 하는 이야기를 만드는 기술입니다. 이 과정에서 리더는 자신의 비전과 가치를 청중에게 전달하며, 이를 통해 청중의 생각과 행동에 긍정적 변화를 유도합니다. 리더의 목소리를 통해 전달되는 이야기는 단순한 정보의 나열이 아니라, 감동과 영감을 주는 메시지가 됩니다. 이렇게 만들어진 내러티브는 청중이 리더의 목표와 비전을 자신의 것으로 받아들이게 만듭니다. 강력하고 설득력 있는 이야기는 청중의 마음에 깊은 인상을 남기며, 장기적으로 그들의 태도와 행동에 영향을 미칩니다. 결국, 리더는 이야기를 통해 조직 내외의 사람들과 강력한 연결고리를 만들며, 그들을 공통된 목표로 이끌어갈 수 있습니다. 이러한 과정은 리더와 그의 청중 사이에 신뢰와 이해를 구축하는 데 이바지합니다.

◇◇◇

한 기업의 CEO가 중요한 순간에 직원들을 모읍니다. 그는 회사가 어떻게 초기의 작은 창업 기업에서 시작하여 오늘날의 성공적인 위치에 이르렀는지 이야기를 시작합니다. 이 과정에서, 그는 과거의 도전과 성공, 그리고 그 여정 속에서 배운 교훈들을 공유합니다. 이러한 이야기를 통해, CEO는 회사의 견고한 기반 위에 세워진 현재의 성공을 강조합니다.

CEO는 회사의 새로운 비전을 공유합니다. 이 비전은 회사가 앞으로 나아가야 할 방향을 명확히 하며, 직원들에게 새로운 목표와 기대를 제시합니다. 이야기는 직원들에게 이 비전이 단순히 상위 경영진의 꿈이 아니라, 모든 직원이 함께 달성해야 하는 공동의 목표임을 알립니다.

이 과정에서 직원들은 회사의 과거 여정에 대한 자부심과 함께, 새로운 비전에 대한 열정을 느끼게 됩니다. CEO의 이야기는 직원들에게 공감을 불러일으키며, 모두가 함께 노력하여 미래의 성공을 만들어 가야 한다는 동기를 부여합니다. 결국, 이 이야기는 직원들 사이에 긍정적인 에너지와 팀워크를 촉진하며, 회사의 새로운 비전을 향한 단합된 노력을 끌어냅니다.

영향력 있는 내러티브 구축은 리더가 단순히 정보를 전달하는 것을 넘어서, 자기 경험, 신념, 그리고 가치를 청중과 공유하는 과정입니다. 이 공유는 청중과 리더 사이에 감정적인 연결을 만들어냅니다. 리더의 개인적인 이야기와 경험은 청중에게 공감을 불러일으키며, 이는 메시지의 효과를 극대화합니다.

리더의 이야기는 청중에게 단순한 정보 이상의 것을 제공합니다. 그것은 청중이 리더의 메시지를 자기 삶과 연결 지을 수 있게 만들어, 메시지의 의미를 더 깊게 이해하도록 돕습니다. 이 과정은 메시지가 청중의 기억에 오래 남도록 하며, 청중이 그 메시지에 따라 행동하게 하는 강력한 동기를 부여합니다.

내러티브의 힘은 바로 이 감정적 연결에 있습니다. 리더와 청중 사이에 구축된 이 연결은 메시지가 더욱 설득력 있게 다가가게 만듭니다. 리더가 전달하는 메시지가 청중의 가치관과 일치하거나, 그들의 경험과 연결될 때, 청중은 그 메시지를 더 깊이 받아들이고, 이에 따라 행동할 가능성이 높아집니다.

영향력 있는 내러티브는 리더와 청중 사이의 심리적 거리를 좁히며, 리더의 목표와 비전을 청중이 공유하도록 만듭니다. 이 과정은 리더의 메시지가 단순히 전달되는 것을 넘어, 살아서 청중의 마음속에 자리 잡게 하는 힘을 가집니다.

스토리텔링 리더십

리더가 스토리텔링을 통해 영감을 주고, 비전을 공유하며, 팀이나 조직의 목표를 달성하는 데 있어 동기를 부여하는 리더십 스타일을 말합니다. 이 접근 방식은 감성적 연결을 통해 사람들의 마음을 움직이고, 변화를 끌어내며, 강력한 조직 문화를 형성하는 데 중심적인 역할을 합니다. 아래는 스토리텔링 리더십의 주요 요소들입니다.

1. 영감을 주는 비전 제시

리더는 스토리텔링 기법을 활용해 조직의 비전과 목표를 팀원들에게 효과적으로 전달합니다. 이와 같은 방법은 복잡하거나 추상적인 아이디어를 쉽고 명확하게 전달하는 데 도움을 줍니다. 스토리텔링을 통해 리더는 비전을 구체적이고 생동감 있는 이야기로 변환시킵니다. 이 과정에서 팀원들은 조직의 방향성에 대해 더 깊이 이해하고, 이에 대한 공감으로 형성하게 됩니다. 또한, 각자의 역할과 비전 달성에서 중요성을 더 명확하게 인식하게 됩니다. 이러한 접근은 팀원들이 조직의 목표를 자신의 것으로 받아들이고, 이를 달성하기 위해 적극적으로 참여하도록 동기를 부여합니다.

2. 감성적 연결 형성

리더는 자신의 개인적인 경험과 그 안에서의 성공과 실패를 이야기함으로써 팀원들과 깊은 감성적 연결을 맺습니다. 이런 개인적인 이야기 공유는 리더와 팀원 사이에 신뢰와 존중의 기반을 마련합니다. 리더의 솔직함은 팀원들로 하여금 더 열린 마음으로 의사소통하도록 격려합니다. 이 과정은 팀 내에서 솔직하고 진솔한 대화의 문화를 조성하는 데 이바지합니다. 결국, 이러한 환경은 팀의 투명성과 협력을 강화하는 데 중요한 역할을 합니다.

3. 동기부여와 행동 유도

효과적인 스토리텔링은 리더에게 팀원들의 동기를 부여하고 원하는 행동을 끌어내는 중요한 수단입니다. 이야기를 통해 리더는 팀원들에게 공통의 목표를 향한 진전을 촉진할 수 있습니다. 스토리텔링은 특히 어려움에 직면했을 때, 팀원들에게 포기하지 않고 계속 전진하라는 메시지를 전달합니다. 이는 팀원들에게 필요한 용기와 영감을 제공하여, 그들이 도전을 극복하도록 돕습니다. 이런 방식의 커뮤니케이션은 팀의 단결력과 성취를 높이는 데 이바지합니다.

4. 변화 관리

조직 변화 과정에서 스토리텔링은 리더의 강력한 도구로 작용합니다. 리더는 이야기를 통해 변화가 왜 필요한지 명확하게 전달하며, 변화로 인해 도달할 수 있는 긍정적인 미래를 보여줍니다. 이 과정에서 팀원들이 느낄 수 있는 두려움이나 불확실성을 줄여주는 역할을 합니다. 스토리텔링을 통해 리더는 변화를 더 이해하기 쉽고 접근하기 쉬운 것으로 만듭니다. 이러한 방식은 조직 내 변화에 대한 지지와 참여를 촉진하는 데 중요합니다.

5. 조직 문화 및 가치 전달

리더는 스토리텔링을 활용하여 조직의 중요한 가치와 문화를 구성원들에게 전달합니다. 이 과정에서 조직의 역사, 전통 및 성공 사례와 같은 이야기들을 공유함으로써 의미와 소속감을 조성합니다. 이를 통해 리더는 조직 구성원들이 공유하는 가치관을 더욱 강화하고, 팀의 일체감을 증진할 수 있습니다. 스토리텔링은 조직의 정체성을 명확히 하고, 구성원들이 조직의 일부로서 자긍심을 느끼게 합니다. 결국, 이러한 공유된 가치와 문화는 조직의 단합력과 효율성을 높이는 데 이바지합니다.

스토리텔링 리더십은 리더가 자신의 메시지를 효과적으로 전달하고, 팀원들의 참여와 헌신을 끌어내며, 조직 내 긍정적인 변화를 촉진하는 데 있어 중요한 역량입니다.

04

침묵 속의 대화
: 비언어적 소통의 미학

비언어적 소통이란 말 외의 다양한 방법으로 의사를 교환하는 것입니다. 이 과정에서 사용되는 수단은 몸짓, 표정, 눈빛 등이 포함됩니다. 우리는 종종 말없이도 이러한 비언어적 요소들을 통해 상대방과 깊은 의미를 나눕니다. 실제로 많은 경우 이 비언어적 신호들이 우리의 의사소통에서 중요한 역할을 합니다. 예를 들어, 한 사람의 표정이나 자세는 그 사람의 감정 상태나 태도를 반영할 수 있습니다. 이처럼, 비언어적 소통은 상대방과의 관계에서 매우 중요한 정보를 제공합니다. 따라서 우리가 전달하고자 하는 메시지의 진정성과 효과를 높이기 위해서는 비언어적 소통의 이해와 활용이 필수적입니다.

◇◇◇

대화 중에 눈 맞춤은 소통의 중요한 부분입니다. 만약 상대방이 눈을 마주치지 않는다면, 이는 그들이 대화에 완전히 집중하고 있지 않거나, 어떤 이유로 불편함을 느끼고 있음을 나타낼 수 있습니다. 이러한 비언어적 신호는 상대방의 관심 부족이나 심리적 거리감을 반영할 수 있습니다. 이는 소통 과정에서 서로의 감정과 의도를 올바르게 이해하는 데 방해가 될 수 있습니다.

비슷한 맥락에서, 팀 회의 시 팀장이 몸을 회의실 문 쪽으로 돌리고 앉는 행동 또한 중요한 비언어적 신호입니다. 이런 자세는 팀장이 회의 내용에 전념하고 있지 않거나, 팀원들의 의견에 충분히 관심을 기울이지 않는다는 인상을 줄 수 있습니다. 팀원들은 이를 통해 리더의 참여와 지지 부족을 느낄 수 있으며, 이는 팀 내 의사소통과 협력에 부정적인 영향을 미칠 수 있습니다.

이러한 사례들은 비언어적 소통이 대화와 팀워크에 얼마나 큰 영향을 끼치는지 보여줍니다. 몸짓, 눈빛, 자세 등은 말보다 때로 더 강력한 메시지를 전달할 수 있으며, 이를 의식적으로 관리하는 것은 효과적인 소통과 리더십을 위해 필수적입니다.

비언어적 소통은 우리가 사용하는 말 이외의 다른 방법들을 통해 의미를 전달하는 과정입니다. 이는 표정, 몸짓, 눈빛 등이 포함되며, 이러한 요소들은 상대방과의 소통에 깊이와 부가적인 의미를 더합니다. 종종 우리는 의식하지 않은 채 이 비언어적 신호들을 통해 많은 정보를 주고받게 됩니다. 예를 들어 상대방의 표정을 통해 그 사람의 기분이나 태도를 파악할 수 있습니다.

이러한 비언어적 소통 방식은 대화의 진정성과 효과를 크게 높일 수 있으며, 때로는 말보다 더 강력한 메시지를 전달할 수 있습니다. 상대방과의 관계를 강화하고, 더 효과적으로 의사소통하기 위해서는 이러한 비언어적 요소들에 주의를 기울이는 것이 중요합니다. 비언어적 신호들은 상대방의 미묘한 감정이나 생각을 이해하는 데 도움을 줄 수 있습니다.

따라서 소통의 과정에서는 말로 하는 대화뿐만 아니라, 비언어적 요소들에도 집중해야 합니다. 이는 우리가 더 풍부하고 의미 있는 대화를 할 수 있게 해 주며, 상대방과의 관계를 더욱 깊게 발전시키는 데 이바지합니다. 비언어적 소통의 이해와 활용은 모든 인간관계에서의 소통을 강화하는 핵심 요소입니다.

05

디지털 시대의 리더십 언어

오늘날 온라인 환경에서 필수적인 소통 기술입니다. 이 방법론은 기존의 대면 방식과는 달리 디지털 도구의 이해와 활용에 초점을 맞춥니다. 리더들은 이메일, 소셜 미디어, 비디오 회의 등의 디지털 채널을 통해 효과적으로 메시지를 전달해야 합니다. 이 과정에서, 메시지는 명확하고 감성적으로도 사람들과 연결될 수 있어야 합니다. 디지털 시대의 리더는 이러한 플랫폼의 특징을 파악하고 이를 자신의 소통 전략에 통합하는 능력이 요구됩니다. 이를 통해 리더는 온라인상에서의 영향력을 극대화하고, 팀이나 조직 내에서 긍정적인 관계와 동기부여를 촉진할 수 있습니다. 따라서, 디지털 시대의 리더십 언어는 현대 리더에게 있어 중요한 역량 중 하나로 자리 잡고 있습니다.

◇◇◇

디지털 시대에서 리더는 팀의 성과를 공유할 때 소셜 미디어와 같은 온라인 플랫폼을 활용합니다. 이때 중요한 것은 단순히 결과를 나열하는 것이 아니라, 팀원들의 노력과 함께한 여정을 강조하는 것입니다. 예를 들어, 리더는 프로젝트 과정에서 팀원들이 어떻게 협력했는지, 어려움을 어떻게 극복했는지를 부각합니다. 이런 방식으로 메시지를 구성하면, 팀원들은 자신들의 노력이 인정받고 가치 있다고 느끼게 됩니다. 또한, 이러한 긍정적인 팀 문화의 모습을 공유함으로써 팀 내부적으로는 동기부여가 강화됩니다. 외부적으로는 조직의 긍정적인 이미지가 형성되어, 조직의 명성을 높이는 효과도 기대할 수 있습니다. 이처럼 리더가 디지털 플랫폼을 통해 전달하는 메시지는 팀원들 사이의 연결감을 강화하고, 조직 전체의 분위기를 긍정적으로 이끌어 갈 수 있는 강력한 수단이 됩니다. 따라서 디지털 시대의 리더는 소통 방식을 통해 팀과 조직의 성공을 끌어내는 중요한 임무를 수행합니다.

디지털 시대에서 리더십을 발휘하기 위해서는 디지털 커뮤니케이션 도구들을 잘 이해하고 이를 리더십 전략에 적절히 통합하는 능력이 요구됩니다. 이는 현대 리더가 온라인상에서 팀원들과 효과적으로 소통하고, 조직 내외부와의 관계를 관리하는 데 있어 필수적인 요소입니다. 중요한 것은 메시지가 명확하고, 간결하며, 진정성을 담고 있어야 한다는 점입니다. 디지털 도구를 통한 커뮤니케이션은 실시간 피드백을 가능하게 하며, 이를 통해 리더는 빠르게 대응하고 상호작용할 수 있습니다.

이러한 상호작용을 통해 리더는 조직의 문화와 가치를 형성하고, 강화하는 데 중요한 역할을 합니다. 디지털 플랫폼의 사용은 오늘날 리더에게 있어서 단순한 선택이 아닌, 필수적인 요소로 자리 잡았습니다. 리더는 디지털 도구들의 특성을 파악하고, 이를 자기 리더십 스타일과 조직의 목표에 맞게 조율해야 합니다. 이 과정에서 리더는 팀원들의 동기부여는 물론, 외부 이해관계자와의 관계 개선에도 큰 영향을 미칠 수 있습니다. 따라서, 디지털 시대의 리더는 커뮤니케이션 도구들을 전략적으로 활용하여 조직의 비전과 가치를 효과적으로 전달할 수 있어야 합니다.

디지털 커뮤니케이션 기술

디지털 커뮤니케이션 기술은 현대 리더에게 필수적인 역량 중 하나입니다. 이 기술은 다양한 디지털 플랫폼과 도구를 활용하여 효과적으로 소통하는 능력을 말합니다. 디지털 커뮤니케이션 기술을 자세히 설명하면 다음과 같습니다.

1. 다양한 플랫폼 이해

디지털 시대의 리더에게는 다양한 디지털 플랫폼을 이해하고 활용하는 능력이 필수적입니다. 이메일, 소셜 미디어, 인스턴트 메시징, 비디오 컨퍼런싱 툴 등은 각각 고유의 특성과 장단점을 가지고 있습니다. 예를 들어, 이메일은 공식적인 커뮤니케이션에 적합하고, 소셜 미디어는 조직의 문화를 홍보하고 대외적인 소통에 유용합니다. 인스턴트 메시징은 신속한 피드백이 필요한 상황에 적합하며, 비디오 컨퍼런싱은 원격 근무 시 얼굴을 맞대고 소통할 필요가 있을 때 중요합니다.

디지털 통신 및 협업 플랫폼은 다양하고, 각각은 특정한 용도와 기능을 제공합니다. 여기 몇 가지 주요 카테고리와 예시를 소개합니다.

이메일 플랫폼

- Gmail : 구글에서 제공하는 이메일 서비스로, 구글 드라이브, 구글 캘린더 등과 통합되어 있습니다.
- Outlook : 마이크로소프트에서 제공하는 이메일 서비스로, 오피스 365와 통합되어 업무 환경을 제공합니다.

소셜 미디어 플랫폼

- LinkedIn : 직업적 네트워킹에 초점을 맞춘 소셜 미디어 플랫폼입니다.
- Twitter : 실시간 정보 공유와 의견 교환을 위한 플랫폼입니다.
- Facebook : 친구, 가족, 동료들과 소통할 수 있는 범용 소셜 미디어 플랫폼입니다.

인스턴트 메시징 플랫폼

- Slack : 팀 커뮤니케이션과 협업을 위한 플랫폼으로, 다양한 통합 기능을 제공합니다.
- Microsoft Teams : 팀 협업을 위한 통합 솔루션으로, 채팅, 비디오 회의, 파일 공유 등의 기능을 제공합니다.
- WhatsApp : 개인 및 그룹 메시지 서비스를 제공하는 인스턴트 메시징 앱입니다.

비디오 컨퍼런싱 툴

- Zoom : 비디오 회의, 웹 세미나를 위한 플랫폼으로, 다양한 규모의 회의를 지원합니다.
- Google Meet : 구글에서 제공하는 비디오 컨퍼런스 서비스

로, 간단한 사용법과 구글 서비스와의 통합이 특징입니다.

- Skype : 개인 및 비즈니스 사용자를 위한 비디오 통화 및 메시징 서비스입니다.

협업 및 프로젝트 관리 플랫폼

- Trello : 칸반 보드 형식의 프로젝트 관리 도구로, 작업을 시각적으로 관리할 수 있습니다.
- Asana : 작업, 프로젝트, 목표를 관리하기 위한 도구로, 팀의 협업과 생산성 향상에 도움을 줍니다.
- Notion : 문서, 데이터베이스, 프로젝트 관리 기능을 하나의 플랫폼에서 제공합니다.

리더는 이러한 각 플랫폼의 특성을 정확히 이해하고, 상황에 맞게 가장 효과적인 도구를 선택하여 사용해야 합니다. 적절한 플랫폼을 통해 메시지를 전달함으로써, 리더는 팀 내 커뮤니케이션의 효율성을 최대화하고, 조직의 목표를 효과적으로 지원할 수 있습니다. 따라서 각 플랫폼에 대한 깊은 이해와 유연한 활용 능력은 리더가 성공적으로 팀을 이끌고 조직을 발전시키는 데 중요한 역량입니다.

2. 명확하고 간결한 커뮤니케이션

디지털 환경에서의 소통은 오해를 불러일으킬 수 있어, 메시지를 명확하고 간결하게 전달하는 것이 중요합니다. 이렇게 하면 팀원들이 메시지의 의미를 정확히 파악하고 적절하게 반응할 수 있습니다. 따라서 효과적인 커뮤니케이션은 팀 내 협업과 작업 효율성을 높이는 데 이바지합니다. 간결하고 명확한 메시지 전달은 디지털 환경에서 더욱 중요해집니다. 이는 모든 팀원이 동일한 이해를 공유하고 효율적으로 작업을 진행할 수 있도록 합니다.

3. 개인화와 적시성

리더는 디지털 커뮤니케이션을 활용하여 구성원 각자에게 맞춤형 메시지를 전달함으로써 관계를 강화할 수 있습니다. 이는 각 구성원이 소속감과 인정을 느끼게 하며, 팀 내 유대감을 증진합니다. 또한, 정보를 실시간으로 공유하고 즉각적으로 응답함으로써, 정보의 적시성을 보장하는 것이 필수적입니다. 이러한 실시간 소통은 팀의 의사결정과 대응 능력을 향상합니다. 결국, 이런 접근은 팀의 효율성과 생산성을 높이는 데 이바지합니다.

4. 피드백과 상호작용 촉진

디지털 도구를 이용해 팀원들로부터 피드백을 적극적으로 수집하는 것이 중요합니다. 이를 통해 팀 내 상호작용을 촉진하고, 구성원들의 참여와 소통을 강화할 수 있습니다. 구성원들이 자신의 의견이 중요하다고 느끼게 함으로써 소속감을 증진합니다. 이러한 접근은 팀원들의 참여를 더욱 활성화하는 데 이바지합니다. 결국, 이는 팀 전체의 협업과 생산성 향상으로 이어집니다.

5. 디지털 문화와 에티켓 구축

온라인 커뮤니케이션에서는 적절한 디지털 문화와 에티켓이 필수적입니다. 이를 통해 팀 내에서 상호 존중과 신뢰를 기반으로 하는 소통 환경을 만들 수 있습니다. 건강한 디지털 소통 환경은 팀원들 간의 이해와 협력을 증진합니다. 디지털 에티켓을 유지함으로써, 의사소통의 오해와 갈등을 최소화할 수 있습니다. 이러한 접근은 팀의 효율성과 원활한 작업 진행에 이바지합니다.

6. 보안 의식

디지털 커뮤니케이션은 정보 보안에 위험을 수반합니다. 리더는 개인 정보 보호와 데이터 보안의 중요성을 인식하고, 이를 팀원들에게도 전달해야 합니다. 정보 보안 규칙과 프로토콜을 준수하도록 팀원들을 지도하는 것이 중요합니다. 이러한 조치는 정보 유출이나 해킹 같은 보안 위험을 방지하는 데 이바지합니다. 결국, 이는 팀의 데이터 보호 능력을 강화하고, 신뢰할 수 있는 작업 환경을 조성합니다.

디지털 커뮤니케이션 기술은 리더가 팀원들과 효과적으로 소통하고, 조직의 목표 달성을 위해 필수적인 도구입니다. 이를 통해 리더는 조직 내에서 투명성을 증진하고, 구성원들의 참여와 협력을 끌어낼 수 있습니다.

06

다문화 속에서의 리더십
: 포용과 이해

리더가 다양한 문화적 배경을 가진 사람들을 어떻게 포용하고 이해할 수 있는지에 초점을 맞춥니다. 이러한 리더십은 팀원들 사이의 문화적 다양성을 인정하고 존중하는 것으로 시작됩니다. 리더는 팀 내에서 각 팀원이 자신의 문화적 정체성을 자유롭게 표현할 수 있는 환경을 조성해야 합니다. 이 과정에서 리더는 팀원들에게 서로의 다름을 이해하고 받아들이는 태도를 격려합니다.

또한, 리더는 모든 팀원이 자신들의 기여와 역할이 중요하다고 느낄 수 있도록 동기를 부여해야 합니다. 이를 통해 팀원들은 자신들의 다양한 배경이 팀의 성공에 이바지할 수 있다고 인식하게 됩니다. 리더는 다양성을 팀의 강점으로 전환하는 열쇠를 가지고 있으며, 이것이 팀의 혁신과 창의성을 촉진할 수 있습니다.

다문화 속에서 리더십을 발휘하는 것은 단순히 다양성을 포용하는 것을 넘어서, 그것을 조직의 성장과 발전을 위한 동력으로 활용하는 것을 의미합니다. 리더는 이러한 과정을 통해 팀원들 사이의 상호 이해와 존중을 증진할 수 있으며, 이는 결국 팀의 성과와 우수성으로 이어집니다. 따라서, 다문화 속에서의 리더십은 오늘날 글로벌 환경에서 매우 중요한 역량 중 하나입니다.

◇◇◇

국제 프로젝트팀에는 다양한 나라에서 온 구성원들이 함께 일하고 있습니다. 이러한 상황에서 팀 리더는 팀원들 간의 문화적 이해와 존중을 증진하는 데 주력합니다. 리더는 문화적 배경과 전통적인 축제를 공유하는 특별한 시간을 기획하여 모든 팀원이 참여하도록 합니다. 이 시간 동안, 팀원들은 각자의 문화를 소개하고, 다른 문화에 대해 배울 기회를 가집니다.

이 과정은 팀원들이 서로의 배경을 더 깊이 이해하게 만들며, 상호 존중의 분위기를 조성합니다. 이러한 활동은 팀 내에서 다양성을 긍정적인 자산으로 인식하게 하고, 팀원들 사이의 연대감을 강화합니다. 결과적으로, 이는 더 강력한 팀워크로 이어지며, 프로젝트의 성공 가능성을 높입니다.

리더의 이러한 노력은 팀원들이 각자의 차이를 넘어서 공통의 목표를 향해 협력할 수 있는 환경을 조성합니다. 결국, 문화적 다양성을 존중하고 이해하는 것은 프로젝트의 성공뿐만 아니라, 조직 전체의 긍정적인 분위기 조성에도 이바지합니다. 이 예시는 다문화 속에서의 리더십이 어떻게 팀의 역량을 강화하고 프로젝트를 성공으로 이끌 수 있는지를 잘 보여줍니다.

다문화 속에서의 리더십은 리더가 팀원들의 다양한 문화적 배경을 이해하고 존중하는 데 중점을 둡니다. 이는 리더가 팀 내에서 다양성을 장점으로 바라보고 활용하는 능력을 포함합니다. 중요한 것은 구성원들 사이의 차이를 인정하고 포용하는 것입니다. 이 과정을 통해, 팀은 새로운 아이디어와 창의적인 해결책을 도출할 수 있는 환경을 만들어갑니다.

리더는 팀원들이 서로의 문화를 이해하고 상호 존중하는 분위기를 조성함으로써 팀 내 신뢰를 구축하는 데 핵심적인 역할을 합니다. 문화적 차이로 인해 발생할 수 있는 오해나 갈등 상황에서 리더는 중재자의 임무를 수행하여 문제를 해결합니다. 이러한 리더십은 개방성, 효과적인 소통, 그리고 상호 존중을 기반으로 합니다.

다문화 리더십은 팀의 혁신을 촉진하고 성장을 가속하는 중요한 요소입니다. 리더의 이러한 접근 방식은 팀원들이 다양한 배경에서 오는 강점을 인식하게 하며, 이는 전체 팀의 성과 향상으로 이어집니다. 결론적으로, 다문화 속에서 리더십은 조직의 다양성을 성공적인 결과로 전환하는 데 필수적인 역량입니다.

07

갈등 해결의 달인
: 조화로운 소통의 기술

서로의 의견과 생각을 존중하며 소통하는 과정을 의미합니다. 이 과정에서는 상대방의 말을 주의 깊게 듣고, 이해하려는 노력이 필요합니다. 조화로운 소통을 통해, 대화는 더 긍정적이고 생산적인 방향으로 나아갈 수 있습니다. 이는 특히 의견 차이가 있을 때 갈등을 줄이고, 서로의 처지를 이해하는 데 도움을 줍니다. 상호 존중의 기반 위에 세워진 소통은 팀워크를 강화하고, 협력적인 환경을 조성합니다. 따라서, 조화로운 소통은 개인 간의 관계뿐만 아니라 팀과 조직 내에서도 매우 중요한 역할을 합니다. 이를 통해, 모든 구성원은 더욱 의미 있고 효과적인 방식으로 소통할 수 있게 됩니다. 결국, 조화로운 소통은 모두가 함께 성장하고 발전하는 기반을 마련합니다.

이러한 소통 기술은 사람들이 서로를 더 잘 이해하고, 갈등을 건설적으로 해결할 수 있도록 돕습니다.

◇◇◇

팀 프로젝트 진행 시, 모든 팀원의 목소리를 듣는 것은 매우 중요합니다. 이를 위해 팀 회의에서는 각자 자유롭게 자기 아이디어와 의견을 공유할 수 있는 환경을 조성합니다. 팀 리더는 특히 각 구성원이 말하는 동안 주의 깊게 듣고, 적극적으로 피드백을 제공하며 격려합니다. 이 과정을 통해 제시된 다양한 의견들은 팀의 목표와 프로젝트의 방향성을 결정하는 데 이바지합니다.

중요한 것은 모든 의견이 평등하게 취급되고, 깊이 있게 고려된다는 것을 팀원들이 느낄 수 있게 하는 것입니다. 이러한 분위기 속에서 팀원들은 자신의 의견이 중요하게 여겨진다고 인식하며, 프로젝트에 더 적극적으로 참여하게 됩니다. 결국, 이 공동의 노력은 최종 결정에 반영되어, 프로젝트의 성공을 위한 기반을 마련합니다.

경청과 존중의 문화는 팀 내 신뢰를 구축하고, 각자가 책임감을 느끼게 합니다. 또한, 팀원들 사이의 긍정적인 관계를 촉진하며, 프로젝트의 목표 달성을 위한 팀워크를 강화합니다. 결론적으로, 모든 팀원의 의견을 경청하고 이를 종합하여 결정을 내리는 과정은 팀 프로젝트의 성공을 위해 필수적입니다.

조화로운 소통의 핵심은 상대방의 의견을 경청하고 이해하는 데 있습니다. 이를 위해서는 자신의 의견을 명확하게 전달하는 것도 중요하지만, 상대방의 말에 귀 기울이고, 그들의 처지에서 생각해 보는 태도가 필요합니다. 또한, 비판보다는 격려와 긍정적인 피드백을 주는 것이 중요합니다. 이렇게 함으로써, 대화 상대는 자신이 존중받고 있다고 느끼며, 소통이 더 원활해집니다.

그뿐만 아니라 조화로운 소통은 갈등 해결에도 큰 도움이 됩니다. 상대방의 처지를 이해하려 노력하고, 상황을 긍정적으로 해석하려는 태도는 갈등을 줄이고, 문제를 효과적으로 해결하는 데 이바지합니다.

리더로서 조화로운 소통의 기술을 습득하는 것은 팀의 분위기를 개선하고, 팀원 간의 협력을 증진하는 데 매우 중요합니다. 이를 통해 더 나은 결과를 도출하고, 팀원 모두가 만족하는 환경을 조성할 수 있습니다.

리더의 소통 기술

조직의 성공과 팀의 동기 부여에 필수적입니다. 효과적인 소통을 위해 리더는 다음과 같은 기술을 개발하고 활용해야 합니다.

1. 명확성

리더는 팀원들이 쉽게 이해할 수 있는 분명한 메시지를 전달해야 합니다. 이를 통해 목표와 기대 사항을 명확히 하여, 팀원들이 혼란 없이 일정한 방향으로 나아갈 수 있습니다. 지침을 분명히 제시함으로써, 팀원들은 주어진 임무에 대해 정확하게 인지하고, 이에 따라 행동할 수 있습니다. 이 과정은 팀 내에서 의사소통의 효율성을 높이고, 작업의 진행을 원활하게 합니다. 리더의 명확한 메시지 전달은 팀의 성공적인 성과로 이어집니다.

2. 공감적인 청취

리더는 팀원들의 말뿐만 아니라, 그들의 감정과 몸짓 같은 비언어적 신호에도 세심한 관심을 기울여야 합니다. 이런 공감적인 청취 방식은 팀원들이 자신이 존중받고 이해받고 있음을 느끼게 합니다. 이 과정을 통해 팀 내에서 신뢰의 기반을 마련할 수 있습니다. 리더의 이해와 공감은 팀원들이 더 개방적으로 소통하게 만듭니다.

3. 피드백

효과적인 소통은 리더와 팀원 사이의 양방향 대화를 해야 합니다. 리더는 팀원들에게 지속해서 피드백을 제공해야 하며, 반대로 팀원들로부터의 의견도 열린 마음으로 받아들여야 합니다. 이 과정은 서로의 의견과 아이디어를 공유하며 상호 이해를 높이는 데 도움이 됩니다. 피드백의 교환을 통해, 조직 내에서 문제점을 식별하고 해결 방안을 모색할 수 있습니다. 이러한 소통의 양방향성은 조직과 개인의 지속적인 개선과 성장을 촉진합니다.

4. 비언어적 커뮤니케이션

비언어적 신호는 말로 표현된 내용 이상의 정보를 전달합니다. 리더는 몸짓, 표정, 그리고 눈빛을 통해 팀원들에게 긍정적인 영향을 줄 수 있습니다. 이러한 비언어적 요소들은 리더의 진정성과 지지를 팀원들에게 전달하는 중요한 수단입니다. 따라서, 리더는 자신의 비언어적 행동이 어떻게 해석될 수 있는지 항상 주의 깊게 고려해야 합니다.

5. 갈등 해결

조직 내에서 갈등은 불가피한 현상입니다. 리더는 이러한 갈등을 효과적으로 관리하고 해결할 수 있는 능력이 중요합니다. 문제를 정확히 이해하고 인식하는 것이 첫 단계입니다. 이후, 리더는 팀원들 간의 솔직한 대화와 토론을 장려해야 합니다. 마지막으로, 모두가 수긍할 수 있는 공정한 해결 방안을 도출하는 것이 필수적입니다. 이 과정을 통해 리더는 조직 내 갈등을 건설적으로 해결할 수 있습니다.

6. 적응성

각 팀원은 개별적인 소통 스타일을 가지고 있습니다. 이에 따라, 리더는 다양한 상황과 개인적 특성에 맞춰 소통 방법을 유연하게 조정할 필요가 있습니다. 리더가 이러한 조정 능력을 갖추면, 팀원 각자와 더 효과적으로 소통할 수 있습니다. 이는 팀의 다양성을 인정하고 존중하는 것을 의미하며, 결과적으로 조직 내 소통의 질을 향상합니다.

7. 동기부여

리더는 팀원들을 격려하기 위해 긍정적인 언어를 사용해야 합니다. 팀원들의 작은 성취라도 인정하고 칭찬함으로써, 그들의 자신감을 증진할 수 있습니다. 이러한 인정과 격려는 팀원들에게 목표 달성을 위한 추가적인 동기를 제공합니다. 긍정적인 피드백은 팀원들이 자기 능력을 더 믿게 만들며, 팀 내에서 긍정적인 분위기를 조성합니다. 결국, 이런 접근 방식은 팀의 전반적인 성과와 목표 달성에 긍정적인 영향을 미칩니다.

효과적인 소통 기술을 갖춘 리더는 팀의 성과를 최적화하고, 조직 내에서 긍정적인 작업 환경을 조성하는 데 중요한 역할을 합니다.

08

감정 지능의 리더
: EQ로 세상을 바꾸다

리더가 되기 위해 필수적인 자질 중 하나로 감정 지능EQ을 강조
합니다. 감정 지능은 자신의 감정을 이해하고 조절하는 능력뿐
만 아니라, 타인의 감정에 공감하고 적절히 대응하는 능력을 포
함합니다. 리더들이 이 능력을 갖추면, 팀원과의 관계를 강화하
고, 팀의 동기부여를 증진하며, 갈등을 효과적으로 관리할 수 있
습니다.

 리더가 감정 지능을 개발하고 활용함으로써, 개인적인 성장을
넘어 조직 전체의 발전과 긍정적인 변화를 이끌 수 있음을 보여
줍니다. 감정 지능은 단순한 개념이 아니라, 리더십을 행사하고
사람들을 이끄는 데 있어 핵심적인 역량으로 자리 잡습니다.

◇◇◇

한 회사의 팀장이 있습니다. 어느 날, 팀장은 팀원 중 한 명이 스트레스를 받는 것을 알아차립니다. 팀장은 팀원과 대화를 통해 스트레스의 원인이 무엇인지 파악합니다. 대화 과정에서 팀장은 팀원의 감정에 귀 기울이고, 공감을 표현합니다. 이를 통해 팀원은 자신의 감정을 솔직하게 표현하게 되고, 팀장은 이해와 지지를 보여줍니다.

함께 해결책을 모색하는 과정에서 팀장은 팀원의 의견을 존중하고, 적극적으로 도움을 제공합니다. 이러한 지원 덕분에 팀원은 스트레스를 줄이는 데 필요한 조치를 할 수 있습니다. 결과적으로, 팀원은 스트레스를 해소하고, 업무에 다시 집중할 수 있게 됩니다.

이 과정에서 팀의 분위기는 점차 개선되고, 팀원들 사이의 신뢰와 협력이 강화됩니다. 결국, 팀장의 이해와 지원은 팀의 성과를 높이는 데 중요한 역할을 합니다. 이 예시는 감정 지능이 리더십에서 얼마나 중요한지 보여주며, 팀원의 감정을 이해하고 지원하는 것이 팀의 성공에 얼마나 큰 영향을 미치는지 강조합니다.

감정 지능EQ은 자기의 감정을 인식하고 조절할 수 있는 능력, 타인의 감정을 이해하고 적절하게 반응할 수 있는 능력을 포함합니다. 이것은 리더십에 있어서 중요한 역할을 합니다. 좋은 리더는 자신의 감정을 효과적으로 관리하고, 타인의 감정에 공감할 줄 알며, 이를 바탕으로 팀원들을 동기부여하고, 갈등을 해결하며, 조직의 목표를 달성하기 위해 효과적으로 소통할 수 있습니다.

감정 지능

감정 지능은 개인이 자신과 타인의 감정을 인식하고, 이해하며, 조절하고, 활용하는 능력을 말합니다. 이는 1990년대 초반에 심리학자들인 피터 샐로베이Peter Salovey와 존 메이어John D. Mayer에 의해 처음 소개되었으며, 이후 다니엘 골먼Daniel Goleman이 대중화시켰습니다. 감정 지능은 크게 네 가지 기본 구성 요소로 나뉩니다.

1. 자기 인식Self-awareness

자신의 감정을 정확하게 파악하고, 이 감정들이 자신의 사고와 행동에 어떤 영향을 미치는지를 이해하는 능력입니다. 이는 개인이 자신에 대한 깊은 이해를 바탕으로 합니다. 자기 인식을 통해, 우리는 감정의 원인과 그것이 우리의 생각 및 행동에 미치는 영향을 분석할 수 있습니다. 이 과정에서, 자기 행동 패턴을 인식하고 조절할 수 있게 되며, 자기 계발의 기회를 얻게 됩니다. 결국, 자기 인식은 자신을 더 잘 이해하고, 자신의 장단점을 명확히 파악하는 데 도움을 줍니다.

2. 자기 관리Self-management

자신의 감정을 적절히 조절하고 긍정적으로 표현하는 능력은 감정 조절 능력입니다. 이 능력은 스트레스를 관리하고, 상황에 유연하게 대처하며, 책인간 있는 결정을 내리는 데 중요합니다. 감정을 효과적으로 관리함으로써, 우리는 어려운 상황에서도 긍정적인 결과를 도출할 수 있습니다. 이는 개인의 정서적 안정과 사회적 관계에 긍정적인 영향을 미칩니다. 감정 조절 능력은 개인의 성공과 행복에 이바지하는 핵심 요소입니다.

3. 사회적 인식Social Awareness

타인의 감정, 필요, 우려 사항을 인식하고 이해하는 능력은 공감 능력의 핵심입니다. 이 능력은 개인이 타인과의 관계에서 깊은 이해와 연대감을 느낄 수 있게 해줍니다. 또한, 조직적인 맥락에서 사회적 신호를 읽는 데도 중요한 역할을 합니다. 이를 통해, 개인은 타인의 비언어적 의사소통을 포함한 다양한 사회적 신호를 해석할 수 있게 됩니다. 결국, 이 능력은 타인과의 긍정적인 관계 형성과 효과적인 소통에 필수적입니다.

4. 관계 관리Relationship Management

감정 지능의 다른 세 가지 요소를 결합해 타인과의 긍정적인 관계를 구축하고 유지하는 능력은 매우 중요합니다. 이 능력은 효과적인 의사소통, 갈등 해결, 협력 및 팀워크 촉진 등을 포함하여 인간관계의 여러 측면에서 중요한 역할을 합니다. 이를 통해 개인은 타인과의 상호 작용에서 더 나은 이해와 협동을 끌어낼 수 있습니다. 또한, 이런 능력은 개인뿐만 아니라 조직의 성공에도 긍정적인 영향을 미칩니다. 결론적으로, 이 능력은 타인과의 관계에서 지속적인 긍정적인 결과를 달성하는 데 필수적입니다.

감정 지능은 개인의 삶의 질을 높이고, 대인관계에서의 성공, 직장 내 성과 향상 등에 중요한 역할을 합니다. 높은 EQ를 가진 사람들은 자신과 타인을 더 잘 이해하고, 감정적으로 안정적이며, 스트레스를 잘 관리하고, 타인과의 관계에서 긍정적인 상호작용을 끌어낼 가능성이 높습니다.

따라서, 감정 지능은 단순히 개인적인 성장에만 중요한 것이 아니라, 조직이나 사회 전체의 성공과 건강한 발전에도 이바지하는 핵심 요소로 인식되고 있습니다. 이러한 이유로, 많은 교육 프로그램과 조직 개발 전략에서 감정 지능의 개발과 적용에 중점을 두고 있습니다.

09

피드백의 예술
: 성장을 이끄는 소통

팀원들과 리더 사이에서 진행되는 중요한 과정입니다. 이 과정에서 핵심은 서로의 생각과 감정을 솔직하게 나누고, 이를 통해 상호 이해를 깊게 하는 것입니다. 이러한 소통 방식은 개인뿐만 아니라 팀 전체의 발전에 도움을 줍니다.

존중과 신뢰는 이 소통 과정의 기반을 이룹니다. 팀원들이 서로의 의견을 존중받고 있다고 느낄 때, 그들은 더 열린 마음으로 의견을 공유하게 됩니다. 이는 팀 내에서 신뢰감을 구축하고, 각자의 의견과 생각이 가치 있게 다뤄진다는 인식을 강화합니다.

이 소통 방식을 통해, 문제 해결과 의사 결정 과정에서 다양한 관점이 고려됩니다. 이는 더 효과적이고 창의적인 해결책을 도출하는 데 도움을 줍니다. 또한, 팀원들 간의 갈등을 줄이고, 협력

123

을 촉진하여 조직의 목표 달성에 이바지합니다.

성장을 이끄는 소통은 모두가 함께 성장할 수 있는 환경을 조성합니다. 이는 개인의 자아실현뿐만 아니라, 조직 전체의 성과와 발전에 긍정적인 영향을 미칩니다. 이와 같은 소통 문화는 지속 가능한 성장의 핵심 요소로 작용합니다.

◇◇◇

한 회사의 팀장이 프로젝트를 성공적으로 이끌기 위해 정기적인 미팅을 주선합니다. 이 미팅의 핵심 목적은 프로젝트의 현 상황을 점검하고 팀원들의 의견을 듣는 것입니다. 팀장은 팀원들로부터 다양한 아이디어와 제안을 적극적으로 요청합니다.

미팅 도중 발견되는 문제점들에 대해서는, 팀원들이 자유롭게 의견을 나눕니다. 이때, 팀장은 팀원들의 말에 귀 기울이고, 그들의 제안을 중요하게 여깁니다. 이러한 과정을 통해, 팀원들은 자신이 프로젝트에 중요한 이바지를 하고 있다고 느낍니다.

이 공동의 노력으로 문제의 해결책을 찾아내며 프로젝트는 더욱 발전적인 방향으로 나아갑니다. 팀원들은 이러한 과정에서 자신들의 의견과 기여가 프로젝트의 성공에 직접적으로 영향을 미친다는 사실을 인식하게 됩니다.

결과적으로 팀원들의 프로젝트에 대한 참여도와 열정은 더욱 증가합니다. 이는 팀장이 제공한 개방적이고 존중하는 소통의 장 덕분입니다. 이러한 소통 방식은 팀 내 협력을 강화하고, 프로젝트의 성공적인 마무리를 가능하게 합니다.

개방성, 존중, 이해는 팀 내부의 긍정적인 소통 문화를 형성하는 핵심 요소입니다. 이러한 소통 방법을 통해 리더와 팀원 간에 신뢰가 구축되며, 이는 조직의 전반적인 성능 향상에 이바지합니다. 리더가 팀원들의 가능성을 인지하고 이를 발휘할 수 있도록 독려할 때, 팀원들은 더 큰 자신감을 얻고 개인적으로 성장하며 조직 발전에도 도움이 됩니다.

갈등 해결 및 새로운 아이디어의 창출에서도 이러한 소통 방식은 중요한 역할을 합니다. 다양한 의견을 존중하고 이해하려는 태도는 창의적 해결책 도출에 도움을 주며, 이는 조직의 장기적 성장에 긍정적인 영향을 미칩니다.

서로 다른 생각을 포용하는 문화는 팀 내 혁신을 촉진하고, 모두가 함께 성장하는 기반을 마련합니다. 이 과정에서 형성된 신뢰와 존중은 조직을 더욱 단합시키고, 각 구성원이 최고의 성과를 낼 수 있는 환경을 조성합니다.

10

조직 문화의 조각가
: 공동의 가치 창조

사람들이 함께 모여 서로 협력하면서 이루어지는 과정입니다. 이 과정에서 중요한 것은 각자가 가진 지식, 능력, 아이디어를 공유하고 결합하여 새로운 가치를 창출하는 것입니다. 이렇게 함으로써, 개인이 혼자서 할 때보다 훨씬 더 큰 성과와 혁신을 이룰 수 있습니다. 공동의 가치 창조는 모두에게 이익이 되는 결과를 만들어내는 데 초점을 맞춥니다. 이는 조직, 팀, 혹은 커뮤니티 등 다양한 단체에서 적용될 수 있으며, 참여하는 모든 이들이 이익을 볼 수 있습니다. 이 과정을 통해, 참여자들은 서로의 다양성과 창의력을 인정하고 활용함으로써, 공동의 목표 달성에 이바지할 수 있습니다. 결국, 공동의 가치 창조는 협력적인 노력을 통해 가능한 것으로, 이는 개인과 집단 모두에게 긍정적인 영향을 미칩니다.

◇◇◇

프로젝트팀은 다양한 전문 분야의 팀원들로 구성되어 있습니다. 각 팀원은 자신의 지식과 기술을 팀에 공유합니다. 이 과정에서 팀원들은 서로의 아이디어를 듣고, 이를 바탕으로 새로운 아이디어를 생각해 냅니다. 이렇게 해서, 팀은 기존에 없던 창의적인 제품 아이디어를 도출합니다. 제품 개발 과정에서 팀원 모두가 자신의 역량을 발휘하며, 서로 협력합니다. 결과적으로, 팀은 고유한 제품을 성공적으로 개발해 냅니다. 이 새로운 제품은 시장에서 큰 성공을 거두며 회사에 상당한 이익을 가져다줍니다. 이러한 과정을 통해, 팀원들은 공동의 가치 창조의 중요성을 체감합니다. 결국, 이 사례는 협력과 공유를 통해 모두에게 이익이 되는 가치를 창조할 수 있음을 보여줍니다. 이는 공동의 가치 창조가 어떻게 실제로 이루어질 수 있는지를 예시로 잘 드러냅니다.

공동의 가치 창조는 조직이나 개인이 함께 더 큰 성과를 달성하고자 할 때 필수적인 과정입니다. 이 과정의 핵심은 다양한 사람들이 자신의 지식과 경험을 공유하는 것입니다. 이를 통해, 참여자들은 새롭고 창의적인 해결책을 발견할 수 있습니다. 협력을 통해, 개별적인 노력을 넘어서는 결과를 만들어낼 수 있으며, 이는 혁신적인 성과로 이어질 수 있습니다. 이 과정은 리더십, 팀워크, 혁신, 창의성과 같은 요소들과 밀접하게 연결되어 있습니다. 이는 팀이나 조직 내에서 긍정적인 변화를 촉진하고, 장기적인 성공을 위한 기반을 마련하는 데 이바지합니다. 공동의 가치 창조는 단순한 협업을 넘어서, 모두가 이익을 볼 수 있는 가치를 창출하는 것을 목표로 합니다. 따라서, 이는 조직의 성장과 발전에 있어 핵심적인 역할을 합니다. 이 과정을 통해 조직은 지속 가능한 성공을 이룰 수 있는 토대를 마련하게 됩니다.

조직 문화와 가치 공유

조직 문화와 가치 공유는 조직의 성공과 지속 가능한 성장에 필수적인 요소입니다. 이는 조직 내 모든 구성원이 공통의 목표와 신념을 가지고 협력하는 기반을 마련합니다. 리더의 관점에서 조직 문화와 가치 공유의 중요성과 이를 실현하기 위한 접근 방법을 다음과 같이 설명할 수 있습니다.

1. 조직 문화의 정의와 중요성

조직 문화는 조직 내에서 공유되는 가치, 신념, 행동양식을 포함한 일련의 무형의 규칙과 기준입니다. 강력한 조직 문화는 구성원들에게 안정감을 주고, 조직 목표 달성을 위한 행동 지침을 제공합니다. 리더는 조직 문화가 긍정적이고 생산적인 방향으로 발전할 수 있도록 주도적인 역할을 해야 합니다.

2. 가치 공유의 중요성

공유된 가치는 조직 구성원들이 공통의 목표를 향해 함께 나아갈 수 있게 하는 결속력입니다. 가치 공유는 구성원들이 자신의 업무와 조직의 목표 사이에 의미와 연결고리를 발견하도록 돕습니다. 이는 구성원들의 동기부여를 증진하고, 조직 전반의 성과를 향상합니다.

3. 가치 공유를 위한 리더의 역할

리더는 조직의 가치를 명확하게 정의하고, 이를 조직 내부에 적극적으로 전파해야 합니다. 신규 구성원 교육, 정기적인 회의, 내부 커뮤니케이션 등 다양한 수단을 통해 가치를 공유하고, 구성원들이 이를 내면화할 수 있도록 도와야 합니다.

4. 행동을 통한 가치 실천

리더는 말뿐만 아니라 자신의 행동으로 가치를 실천함으로써 본보기를 보여야 합니다. 리더의 행동은 구성원들에게 강력한 영향을 미치므로, 리더가 가치에 부합하는 행동을 할 때 조직 문화는 더욱 강화됩니다.

5. 소통과 피드백

조직의 가치와 문화를 강화하기 위해서는 개방적이고 양방향의 소통이 중요합니다. 리더는 구성원들의 의견을 듣고, 가치 공유 과정에서의 의문점이나 제안 사항을 적극적으로 수용해야 합니다. 이러한 상호 작용은 조직 문화를 더욱 풍부하게 만듭니다.

6. 지속적인 평가와 개선

조직 문화와 가치는 시간이 지나면서 변화할 수 있습니다. 리더는 정기적으로 조직 문화와 가치 공유의 효과를 평가하고, 필요한 조정을 통해 지속해서 개선해야 합니다.

조직 문화와 가치 공유는 리더와 구성원 모두에게 적극적인 참여와 노력을 요구합니다.

PART 3

변화를 넘어
혁신으로

혁신적인 리더는
변화를 두려워하지 않고,
그것을 기회로 삼는다.

01

창의적 사고의 탐험가

변화와 혁신은 모두 리더십에서 중요한 요소입니다. 변화는 기존 상황의 개선을 의미하지만, 혁신은 완전히 새로운 접근법을 창조합니다. 창의적 사고는 이 두 과정 모두에 필수적이며, 기존의 사고방식에서 벗어나 새로운 아이디어를 탐색하는 것을 말합니다. 이런 사고방식을 통해 리더와 팀은 더 좋은 성과를 달성할 수 있으며, 지속적인 혁신으로 조직을 발전시킬 수 있습니다. 결국, 창의적 사고는 시대의 변화에 발맞춰 조직을 성장시키는 데 핵심적인 역할을 하게 됩니다. 이를 통해 리더와 팀은 끊임없이 새로운 가능성을 모색하며, 변화와 혁신을 통해 조직을 더욱 강화할 수 있습니다.

◇◇◇

스마트폰의 등장은 통신 기술 분야에서 혁명적인 변화를 불러왔습니다. 이전까지 휴대폰은 주로 통화와 문자 메시지 전송에 사용되었습니다. 하지만 스마트폰의 개발로, 사용자들은 하나의 장치에서 인터넷 검색, 사진 촬영, 음악 감상 등 다양한 활동을 할 수 있게 되었습니다. 이러한 기능 통합은 기존 휴대폰의 개념을 완전히 혁신하였고, 사람들의 일상생활에 큰 변화를 가져왔습니다.

스마트폰은 단순한 통신 도구를 넘어서 정보 접근성, 엔터테인먼트, 심지어 업무 수행 방식까지도 변화시켰습니다. 이는 기존에 분리되어 있던 여러 기기의 기능을 하나로 통합하여 휴대성과 사용의 편리함을 극대화한 것입니다. 결과적으로, 사람들은 언제 어디서나 정보에 접근하고, 다양한 방식으로 소통하며, 새로운 형태의 엔터테인먼트를 즐길 수 있게 되었습니다.

이처럼 스마트폰의 개발은 단순한 기술적 진보를 넘어서 사회적, 문화적 변화를 촉진하는 중요한 역할을 했습니다. 이는 혁신이 단지 새로운 기술을 만드는 것이 아니라, 사람들의 생활 방식과 사회 구조에까지 영향을 미칠 수 있음을 보여줍니다.

창의적 사고를 리더십에 적용하는 것은 리더와 팀원이 단순한 문제 해결을 넘어서 새로운 가치를 창출하고, 더욱 효율적인 방법을 찾아내는 데 중요한 역할을 합니다. 이 과정에서 리더는 팀원들이 다양한 아이디어를 자유롭게 제시하도록 장려하며, 새롭고 실험적인 방법을 시도하도록 격려해야 합니다. 이는 팀원들이 기존의 사고방식에서 벗어나, 창의적인 해결책을 모색하게 만듭니다.

리더의 이러한 지원은 팀원들이 자신감을 느끼고 새로운 아이디어를 실험해 볼 수 있는 환경을 조성합니다. 이는 팀원들이 더 넓은 관점에서 문제를 바라보고, 기존에는 생각하지 못했던 독창적인 해결책을 도출하게 합니다. 결과적으로, 이러한 접근은 조직 전체의 혁신적인 발전을 촉진하게 되며, 이는 경쟁력 있는 조직으로 성장하는 데 필수적입니다.

창의적 사고는 리더와 팀원 모두가 기존의 경계를 넘어서 새로운 가능성을 탐색하고, 이를 통해 조직 전체가 혁신적인 방향으로 나아갈 수 있도록 하는 데 중추적인 역할을 합니다. 이러한 과정은 조직의 지속적인 성장과 발전을 가능하게 하는 핵심 요소입니다.

02

실패에서 배우는 리더
: 실험과 학습

실패에서 배우는 리더는 실패를 부정적으로 보지 않습니다. 오히려, 그들은 실패를 성장과 발전의 기회로 인식합니다. 이런 리더들은 새로운 시도를 두려워하지 않으며, 실험적인 아이디어를 적극적으로 추진합니다. 실패가 발생하더라도, 그들은 이를 통해 중요한 교훈을 얻습니다.

이 과정에서 리더는 실패의 원인을 면밀히 분석하고, 어떻게 하면 더 나은 결과를 얻을 수 있을지 고민합니다. 이런 접근 방식은 팀 전체에게도 긍정적인 영향을 미치며, 실패를 두려워하지 않고 도전하는 문화를 조성합니다. 결국, 이러한 태도는 조직 전체의 혁신과 성장을 촉진하게 됩니다. 실패에서 배우는 리더는 실패를 통해 더 강해지고, 더 나은 미래를 만들어 갑니다.

한 스타트업의 최고경영자CEO는 시장에서의 성공을 위해 새로운 마케팅 전략을 도입하기로 결정했습니다. 이 전략은 대담하고 혁신적인 접근으로, 큰 기대를 모았습니다. 그러나 실제로 실행해보니 예상했던 만큼의 성과를 얻지 못했습니다. 이러한 실패에 직면했을 때, CEO는 포기하지 않았습니다.

대신, CEO는 이 실패를 팀 전체와 공유했습니다. 그리고 함께 실패의 원인을 분석하며, 어떤 부분이 잘못되었는지, 어떻게 하면 개선할 수 있는지에 대해 논의했습니다. 이 과정에서 팀원들은 다양한 아이디어와 피드백을 제공했습니다.

이러한 집단적 노력의 결과로, 팀은 실패에서 교훈을 얻어 더 효과적인 마케팅 전략을 개발할 수 있었습니다. 새로운 전략은 이전의 접근법에서 발견된 문제점들을 해결하고, 스타트업의 장점을 더욱 부각시켰습니다. 결국 이 스타트업은 새로운 전략의 도입 후 큰 성공을 거두었고, 시장에서 눈에 띄는 성과를 달성했습니다.

이 예시는 실패를 통해 배우고, 팀워크와 협력을 통해 더 나은 해결책을 찾아내는 리더십의 중요성을 보여줍니다.

실패를 통해 배우는 리더는 이를 성장의 발판으로 삼습니다. 그들은 실패를 맞닥뜨릴 때, 이를 개인적이나 조직적인 발전의 기회로 여깁니다. 이런 리더들은 새로운 도전을 두려워하지 않고, 실패 속에서 교훈을 찾아내려고 노력합니다. 중요한 것은 실패의 이유를 정밀하게 분석하고, 그것을 바탕으로 어떻게 하면 더 좋은 선택을 할 수 있을지 결정하는 것입니다.

이런 방식은 팀원들에게도 긍정적인 영향을 미칩니다. 리더가 실패를 긍정적으로 받아들이고 이를 통해 배우려는 태도를 보이면, 팀원들도 실패를 두려워하지 않고 새로운 도전을 시도할 용기를 갖게 됩니다. 이는 전체 조직에 도전적이고 혁신적인 문화를 조성하며, 이는 결국 조직의 성장과 발전을 이끄는 주요 동력이 됩니다.

실패에서 배우는 리더십은 실패를 단순히 부정적인 결과로 보지 않고, 그 안에서 배울 점을 찾아내어 더 나은 미래를 위한 발판으로 삼습니다. 이러한 접근 방식은 조직 내에서 긍정적인 변화를 만드는 데 중요한 역할을 합니다.

03

창의성의 파도를 타는 리더

변화와 혁신을 앞장서서 추진하는 리더로서 전통적인 방식에 얽매이지 않고, 창의적인 생각을 통해 문제를 해결하는 데 주력합니다. 기존의 접근 방식이 아닌 새롭고 독창적인 아이디어로 조직을 이끌며, 이러한 변화를 통해 조직이 성장하고 발전하도록 합니다. 창의성의 파도를 타는 리더는 팀과 조직 내에서 창의적인 분위기를 조성하고, 모두가 혁신적인 아이디어를 자유롭게 제시하도록 격려합니다. 이런 리더십 아래에서, 조직은 끊임없이 발전하는 동시에, 직원들도 자신의 창의적 잠재력을 발휘할 수 있는 기회를 갖게 됩니다. 결국, 이는 조직 전체의 성공으로 이어지며, 지속 가능한 성장을 가능하게 합니다.

◇◇◇

한 IT 회사의 CEO는 직원들로부터 창의적이고 혁신적인 아이디어를 자유롭게 제안받는 시스템을 도입했습니다. 이를 통해, 직원들은 자신의 아이디어를 공유하고, 그 중 실행 가능한 아이디어를 선별하여 실제 사업에 적용할 수 있게 되었습니다. CEO는 이 과정에서, 조직 내에서 창의적인 생각이 자유롭게 흐를 수 있도록 적극적으로 장려했습니다.

이러한 접근 방식은 회사에 큰 변화를 불러왔습니다. 새롭고 혁신적인 아이디어들이 실제 사업에 적용되면서, 회사는 기존에 없던 새로운 서비스와 제품을 개발할 수 있게 되었습니다. 이는 곧 회사의 성장으로 이어졌고, 시장에서의 경쟁력을 크게 향상했습니다.

CEO의 이러한 리더십 아래, 직원들은 자신의 아이디어가 실제로 사업에 이바지할 수 있다는 점에서 큰 동기부여를 받았습니다. 또한, 이런 문화는 전체 조직에 긍정적인 영향을 미치며, 모든 구성원이 창의력을 발휘하고 혁신을 추구하도록 이끌었습니다. 결국, 이 IT 회사는 창의적이고 혁신적인 아이디어를 바탕으로 성장하는 모범적인 사례가 되었습니다.

리더는 혁신적인 아이디어를 제시하는 것을 넘어, 이를 실제로 구현해 내는 데 중점을 둡니다. 이런 리더는 조직 내에서 창의적인 문화를 조성하여, 모든 구성원이 창의적으로 생각하고 행동할 수 있는 환경을 만듭니다. 실패를 두려워하지 않고, 오히려 실험과 시도를 통해 새로운 해결책을 찾아 나서는 것을 장려합니다.

이 과정에서 직원들에게서 나오는 다양한 아이디어와 의견을 존중하며, 이를 구체적인 결과로 끌어내는 능력이 탁월합니다. 리더는 팀 내에서 활발한 소통과 협력을 장려함으로써, 조직의 창의적 에너지를 극대화합니다. 이런 접근 방식은 모든 팀원이 자기 아이디어가 가치 있고 실행될 수 있다고 느끼게 하여, 더 많은 혁신을 끌어내는 원동력이 됩니다.

또한, 이러한 리더십 아래에서는 실패가 발생하더라도 이를 학습의 기회로 삼고, 더 나은 아이디어로 발전시키는 긍정적인 문화가 형성됩니다. 이는 조직 전체가 지속해서 성장하고 발전할 수 있는 기반을 마련합니다.

04

기술 혁신의 선구자

사회와 산업에 혁신을 가져오는 리더입니다. 이들은 새로운 아이디어와 기술을 발견하고, 그 가능성을 실제로 구현해 냅니다. 이러한 리더들은 미래를 예측하고, 그에 따른 변화를 주도하는 능력을 갖추고 있습니다. 그들의 작업은 단순히 새로운 발명에 그치지 않고, 이를 통해 사람들의 삶의 방식이나 업무 수행 방법에 긍정적인 영향을 끼칩니다.

기술 혁신의 선구자들은 다른 이들에게 영감을 주며, 혁신적인 아이디어가 널리 퍼질 수 있도록 돕습니다. 이들은 비전을 가지고 있으며, 그 비전을 현실화하기 위해 끊임없이 노력합니다. 이 과정에서 그들은 도전을 맞이하고, 실패에서 교훈을 얻으며, 결국 새로운 기술의 실현을 끌어냅니다.

결국, 이들은 사회와 산업의 발전을 촉진하며, 우리가 살아가는 세계를 변화시키는 중요한 역할을 합니다.

◇◇◇

일론 머스크는 현대 기술 혁신의 대표적인 인물로, 그의 활동은 여러 산업에 지대한 영향을 미쳤습니다. 특히, 전기 자동차 회사인 테슬라를 통해 자동차 산업에 큰 변화를 불러왔습니다. 머스크의 테슬라는 전기 자동차를 대중화함으로써 환경친화적인 이동 수단에 대한 인식을 새롭게 했고, 자동차 산업의 패러다임을 전환했습니다.

또한, 우주 탐사 기업인 스페이스X를 설립하여 우주 산업에 혁신을 주도했습니다. 스페이스X는 재사용할 수 있는 로켓을 개발하여 우주 탐사의 비용을 대폭 낮추는 성과를 이뤄냈고, 이는 우주 탐사의 새로운 시대를 열었습니다.

일론 머스크의 이러한 혁신적인 접근은 사람들이 이동하는 방식뿐만 아니라, 우주를 바라보는 관점에도 큰 변화를 불러왔습니다. 그는 기술의 한계를 넘어서는 비전을 가지고 도전을 계속하며, 전세계 사람들에게 영감을 주고 있습니다.

이러한 머스크의 활동은 단순히 기술적인 성과를 넘어서, 더 나은 미래를 향한 인류의 노력에 중요한 역할을 하고 있습니다. 그의 리더십과 혁신은 새로운 기술이 사회와 산업에 미칠 수 있는 긍정적인 영향력의 좋은 예시입니다.

기술 혁신의 선구자들은 단순한 기술 창조자를 넘어, 그들이 개발한 기술을 통해 세계에 긍정적인 변화를 끌어내는 비전을 가진 인물들입니다. 이들은 미래에 대한 분명한 비전을 가지고 있으며, 그 비전을 현실화하기 위해 다양한 위험과 리스크를 감수할 준비가 되어 있습니다. 이 과정에서 실패는 불가피하게 마주치지만, 그들은 실패를 통해 중요한 교훈을 배우고, 이를 기회로 삼아 더욱 발전합니다.

이러한 혁신가들은 자신의 비전을 실현하기 위해 강력하고 효율적인 팀을 구성합니다. 그들은 팀원들에게 영감을 주고, 공유된 목표를 향해 나아갈 수 있도록 동기를 부여합니다. 이들은 대담한 목표를 설정하고, 그 목표를 달성하기 위해, 필요한 자원과 노력을 아끼지 않습니다. 혁신의 길은 언제나 도전적이며, 다양한 장애물과 어려움이 존재하지만, 이들은 강인한 의지와 인내로 계속해서 전진합니다.

그들의 끊임없는 노력은 종종 산업과 사회 전반에 걸쳐 지속 가능한 변화를 초래합니다. 이러한 변화는 또 다른 이들에게 혁신의 길을 모색하게 하는 데 영감을 줍니다. 이들 혁신가는 기술의 한계를 넘어서 사회적, 경제적, 환경 관련 문제에 대한 해결책을 제시함으로써, 세상을 더 나은 곳으로 만드는 데 이바지합니다.

기술 혁신의 선구자들이 추구하는 것은 단순히 새로운 기술의 창출이 아니라, 그 기술을 통해 긍정적인 사회적 변화를 끌어내는 것입니다. 그들의 비전과 열정은 기술의 발전뿐만 아니라, 인류의 발전에도 중요한 역할을 합니다. 결국, 이들의 창조적인 노력과 혁신적인 사고는 미래 세대에게도 영감을 주며, 지속 가능한 발전의 기반을 마련합니다.

기술 혁신의 선구자들은 그렇게 자신들의 비전과 혁신으로 세상을 변화시키며, 미래를 형성하는 중요한 임무를 수행합니다.

05

변화를 이끄는 탐험가

기존의 방식에 안주하지 않고, 미지의 영역을 탐색하여 새로운 기회를 찾아내는 리더를 말합니다. 이런 리더들은 변화의 과정이 가져오는 불확실성을 두려워하기보다는, 그 안에서 새로운 가능성을 발견하는 데 초점을 맞춥니다. 그들은 변화를 통해 성장하고 발전하는 것을 목표로 하며, 이를 위해 모험적인 결정을 내릴 준비가 되어 있습니다.

이러한 리더는 팀이나 조직에도 긍정적인 변화의 바람을 불어넣으며, 주변 사람들을 자신의 비전을 따르도록 영감을 줍니다. 그들은 실패를 경험할 수 있는 용기를 가지고 있으며, 실패에서 배운 교훈을 통해 더욱 성장합니다. 변화를 이끄는 탐험가의 리더십은 주변 환경이 급변하는 현대 사회에서 특히 중요한 역할을 하며, 조직을 지속 가능한 성공으로 이끌 수 있는 핵심 요소입니다.

◇◇◇

스티브 잡스는 변화와 혁신을 상징하는 인물로, 기술과 디자인의 경계를 허물며 애플을 새로운 차원으로 이끌었습니다. 그의 리더십 아래 애플은 스마트폰, 태블릿, 개인 컴퓨터 등 다양한 분야에서 혁신적인 제품을 선보이며 시장을 선도했습니다. 잡스는 단순히 새로운 기술을 개발하는 것을 넘어 사용자 경험을 극대화하는 데 중점을 두었습니다. 그 결과, 아이폰과 아이패드 같은 제품은 전 세계적으로 큰 인기를 얻으며 기존의 기술적 한계를 넘어섰습니다.

잡스는 그의 비전과 독창적인 사고방식으로 전 세계의 기술과 디자인 추세에 영향을 미쳤습니다. 그는 끊임없는 혁신과 완벽을 추구하는 자세로 알려져 있으며, 그의 접근 방식은 여전히 많은 기업과 리더들에게 영감을 줍니다. 스티브 잡스의 이러한 업적은 그가 어떻게 변화를 이끄는 탐험가로서 기존의 생각과 방식에 도전했는지를 보여줍니다. 그의 리더십과 혁신은 애플을 세계적인 브랜드로 만들었을 뿐만 아니라, 기술의 미래를 재정의했습니다.

이들은 미래를 향한 새로운 경로를 모색하며, 이를 위해 혁신적인 아이디어를 실행에 옮깁니다. 이러한 리더는 자신만의 명확한 비전을 가지고 있으며, 그 비전을 현실화하기 위해, 필요한 변화를 두려워하지 않습니다. 리더의 비전은 팀원들에게 공유되어, 모두가 같은 목표를 향해 나아가는 동기부여가 됩니다.

이 과정에서 실패는 불가피하게 발생할 수 있으나, 변화를 이끄는 탐험가 리더는 실패를 성장의 기회로 삼습니다. 실패를 통해 얻은 교훈은 팀과 조직 전체를 발전시키는 데 중요한 역할을 합니다. 이러한 리더십은 조직에 긍정적인 에너지를 주입하며, 변화하는 외부 환경에도 유연하게 대응할 수 있는 능력을 키웁니다.

변화를 주도하는 리더는 조직을 지속적인 성장과 발전의 길로 이끄는 주역입니다. 그들의 비전과 도전 정신은 팀원들을 활성화하고, 전체 조직을 하나의 목표를 향해 나아가게 만듭니다.

06

다양성을 품은 혁신

다양성을 품은 혁신은 서로 다른 배경을 가진 사람들이 함께 모여 새로운 아이디어를 내는 과정입니다. 이 다양성은 문화적, 경험적, 전문적 지식의 차이에서 기인하며, 이는 혁신의 원천이 됩니다. 참여자들은 각자의 독특한 관점을 공유함으로써, 서로의 창의적인 사고를 자극합니다. 이러한 상호작용을 통해, 팀은 혁신적인 해결책과 제품을 개발하는 데 크게 이바지하게 됩니다. 다양한 배경을 가진 팀원들은 문제를 더 넓은 시야로 바라보며, 이는 더 효과적이고 창의적인 결과로 연결됩니다. 이런 방식으로, 다양성이 풍부한 팀은 다양한 문제에 대해 더욱 혁신적인 접근을 가능하게 합니다. 결과적으로, 다양성을 기반으로 한 혁신은 조직이 직면한 도전을 해결하고 새로운 기회를 탐색하는 데 중요한 역할을 합니다. 따라서, 다양성을 적극적으로 포용하는 것은 조직의 성장과 발전을 위해 필수적인 요소가 됩니다.

◇◇◇

한 기술 회사에서 새로운 앱 개발 프로젝트를 시작하면서, 다양한 문화적 배경을 지닌 팀원들을 모집했습니다. 이 팀에는 여러 국가에서 온 개발자, 디자이너, 마케터들이 포함되었습니다. 각 팀원은 자신만의 독특한 경험과 시각을 가지고 프로젝트에 참여했습니다.

이 다양성은 팀이 다양한 사용자의 필요와 기대를 더 잘 이해하는 데 도움을 주었습니다. 개발 과정에서, 팀원들은 서로 다른 아이디어를 공유하고, 각자의 관점에서 피드백을 주며, 제품을 개선해 나갔습니다. 이 과정에서 팀은 서로의 문화를 이해하고 존중하는 방법을 배웠고, 이는 협업을 더욱 강화했습니다.

결과적으로, 이 팀은 사용자 친화적이며 시장의 다양한 요구를 충족시키는 혁신적인 앱을 개발할 수 있었습니다. 이 앱은 전 세계 다양한 사용자들에게 어필했고, 광범위한 시장에서 성공을 거두었습니다. 이 사례는 다양성이 어떻게 창의적인 사고와 혁신적인 결과를 촉진할 수 있는지 보여줍니다. 결국, 이 프로젝트는 다양성을 품은 혁신의 힘을 입증하는 사례가 되었습니다.

다양한 관점과 경험을 통해 새로운 해결책을 찾고 아이디어를 창출하는 과정입니다. 이 과정은 팀의 창의성을 증진하고 혁신을 가능하게 합니다. 리더는 팀 내 다양성을 촉진하고 지원함으로써 조직의 문제 해결 능력을 향상할 수 있습니다.

다양한 배경을 가진 팀원들이 함께 일하면 서로 다른 아이디어와 접근 방식을 제공합니다. 이는 팀이 더 넓은 시각에서 문제를 바라보고, 다양한 해결책을 고려하게 만듭니다. 리더는 이러한 다양성을 인정하고 장려해야 하며, 이는 조직 내 혁신적인 문화를 조성하는 데 중요한 역할을 합니다.

리더십에서 다양성을 포용하는 것은 예상치 못한 해결책을 발견하고, 새로운 제품이나 서비스를 개발하는 데 도움이 됩니다. 이를 위해서는 팀 내에서 다양한 의견과 경험을 존중하고, 개방적인 대화를 장려하는 문화가 필요합니다.

리더가 다양성을 적극적으로 포용하고 지원함으로써, 조직은 더 혁신적이고 성장하는 모습을 보일 수 있습니다. 이는 조직이 지속해서 발전하고 변화하는 시장에서 경쟁력을 유지하는 데 필수적인 요소입니다.

07

리스크와 혁신의 줄타기

리더는 혁신을 추진하며 조직의 발전을 도모하는 동시에, 이에 따라 발생할 수 있는 리스크를 신중히 관리해야 합니다. 이 균형 잡힌 접근은 조직이 지속해서 성장하고 경쟁력을 유지하는 데 필수적입니다. 리더십에서는 혁신적인 변화를 주도하면서도, 잠재적 위험을 예측하고 대비하는 능력이 중요합니다. 이 과정에서 리더의 결정과 전략이 조직의 미래 성공을 결정짓게 됩니다.

◇◇◇

스타트업 회사가 시장에 새로운 기술을 선보이려 합니다. 이 기술은 혁신적이며, 큰 성공의 잠재력을 내포하고 있지만, 실패 시에는 회사에 상당한 손실을 입힐 수 있습니다. 이러한 상황에서 리더의 역할이 매우 중요해집니다. 리더는 우선 시장의 요구와 경쟁 상황을 면밀히 분석하기 위해 시장 조사를 합니다. 이를 통해 제품이 시장에 적합한지, 어떤 경쟁 제품과 맞서게 될지를 파악합니다.

리더는 또한 제품의 초기 버전을 몇몇 사용자에게 테스트하도록 하여, 실제 사용 상황에서의 성능과 사용자 반응을 확인합니다. 이러한 초기 테스트는 제품의 문제점을 조기에 발견하고 개선할 기회를 제공합니다. 이 과정에서 수집된 피드백은 제품을 점진적으로 개선하는 데 큰 도움이 됩니다.

리더는 이 모든 정보를 바탕으로 리스크를 최소화하는 전략을 수립합니다. 이는 제품의 성공 가능성을 최대화하면서도, 실패의 위험을 줄이는 방법입니다. 결국, 리더의 신중한 접근과 전략적 결정은 스타트업이 혁신을 성공적으로 시장에 도입하는 데 결정적인 역할을 합니다.

리스크와 혁신의 줄타기에서 리더의 역할은 매우 중요합니다. 리더는 혁신적인 아이디어를 장려하고 실행하는 동시에, 잠재적인 리스크를 식별하고 그 영향을 최소화하기 위한 전략을 개발해야 합니다. 이 과정에서 리더는 리스크를 완전히 피하기보다는 효과적으로 관리하려는 노력을 기울여야 합니다. 이는 조직이 새로운 기회를 탐색하고 활용하면서도, 잠재적인 위험을 인식하고 준비하는 데 도움이 됩니다.

리더는 혁신적인 활동을 추진할 때, 실패를 두려워하지 않고 실패로부터 배우는 문화를 조성해야 합니다. 또한, 다양한 시나리오를 고려하고, 적절한 리스크 관리 계획을 수립함으로써, 조직이 불확실한 환경에서도 유연하게 대응할 수 있도록 해야 합니다.

08

미래를 조율하는 리더

변화하는 세계에서 미래의 흐름을 읽는 것은 리더에게 중요한 역할입니다. 리더는 이러한 변화를 예측하고, 그에 따라 조직이 적응하고 성장할 수 있도록 전략을 세웁니다. 이를 위해, 미래에 대한 깊은 통찰력을 가지고, 팀이나 조직을 더 나은 미래로 인도할 수 있는 비전을 제시합니다. 리더는 불확실한 미래에도 조직이 유연하고 준비된 상태를 유지할 수 있도록 하는 데 집중합니다.

이러한 리더십은 조직이 끊임없이 변화하는 환경 속에서도 성장하고 발전할 수 있게 지원합니다. 리더는 미래에 대비하여 조직의 방향을 재정립하고, 변화에 능동적으로 대응하는 전략을 수립함으로써, 조직이 직면할 수 있는 다양한 도전과 기회에 대응할 수 있도록 합니다.

◇◇◇

한 기업의 CEO가 시장의 변화를 선도적으로 인식하고, 회사의 경쟁력을 강화하기 위해 디지털 변환을 결정했습니다. 이 CEO는 전통적인 업무수행 방식을 넘어서, 디지털 기술을 활용하여 업무의 효율성과 효과성을 극대화하려는 비전을 가지고 있습니다. 디지털 변환의 하나로, 클라우드 컴퓨팅, 빅 데이터 분석, 인공지능 등 최신 기술이 도입됩니다.

이러한 기술 도입을 통해, 회사는 데이터 기반 의사결정을 강화하고, 고객 서비스를 향상할 수 있게 됩니다. 또한, 내부 커뮤니케이션과 협업이 원활해지며, 원격 근무와 같은 새로운 업무 형태를 더욱 효과적으로 지원할 수 있게 됩니다. CEO는 이 변화를 통해 회사가 시장에서 더 빠르고 유연하게 대응할 수 있도록 하며, 동시에 고객에게 더 나은 가치를 제공하고자 합니다.

디지털 변환 과정에서 CEO는 직원들의 디지털 역량 강화에도 주목합니다. 새로운 기술과 도구에 대한 교육과 훈련을 제공함으로써, 전 직원이 변화에 적극적으로 참여하고, 이를 자신의 업무에 효과적으로 적용할 수 있도록 격려합니다. 이 과정은 단순히 기술적인 변화를 넘어, 회사 문화와 업무수행 방식의 혁신을 포함합니다.

이 CEO의 리더십과 전략적인 디지털 변환 노력은 회사를 미래의 경쟁에서 선두로 나아가게 하는 원동력이 됩니다. 회사는 이를 통해 더 혁신적이고, 고객 중심적이며, 시장 변화에 민첩하게 대응하는 조직으로 거듭나게 됩니다.

미래 지향적인 리더는 외부 환경의 변화와 조직 내부의 상황을 깊이 있게 분석하여, 미래를 향한 명확한 비전을 세웁니다. 이 비전을 실현하기 위해 구체적인 전략과 실행 계획을 마련하며, 조직 전체가 이 방향으로 나아갈 수 있도록 이끕니다. 이 과정에서 리더는 혁신을 촉진하고, 변화에 대한 저항을 효과적으로 관리하는 동시에, 팀원들에게 변화를 향한 동기를 부여합니다.

리더는 변화의 바람 속에서도 학습을 멈추지 않으며, 항상 열린 마음으로 새로운 기회를 탐색합니다. 그들은 미래의 기회와 도전을 정확히 파악하고, 이를 기반으로 조직을 선도합니다. 변화를 두려워하지 않고, 오히려 조직 내에서 변화를 주도함으로써, 조직이 미래에 성공적으로 나아갈 수 있도록 하는 것이 그들의 역할입니다.

이러한 리더십은 의사소통 능력, 전략적 사고, 그리고 위험을 관리하고 대응하는 능력이 필요합니다. 이런 역량을 바탕으로, 미래를 조율하는 리더는 조직을 미래의 불확실성 속에서도 안정적이고 성공적으로 이끌 수 있습니다. 결국, 이들의 리더십은 조직을 지속 가능한 성장의 길로 이끄는 핵심 요소가 됩니다.

09

혁신의 다양한 면모를 결합하다

혁신은 다양한 창의적 아이디어와 방법론을 결합해 새로운 해결책을 찾는 과정입니다. 이는 여러 분야의 지식과 기술이 융합되어 이루어지며, 이 과정을 통해 전에 없던 문제들에 대한 효과적인 대안이 제시됩니다. 팀원들의 다양한 경험과 시각이 이 혁신 과정에서 중요한 역할을 하게 됩니다. 이러한 통합적 접근 방식은 조직이 더 혁신적이고 창의적인 결과물을 만들어내는 데 크게 이바지합니다. 혁신을 주도하는 리더는 팀원들의 다양성을 적극적으로 장려하고 지원하는 것이 중요합니다. 이는 조직의 성장과 발전에 필수적인 요소로 작용합니다. 결국, 혁신의 성공은 다양한 아이디어와 시각의 통합에서 비롯됩니다.

◇◇◇

한 식당에서 새로운 메뉴를 개발하는 과정을 봅시다. 이 식당은 혁신적인 접근을 택하여, 요리사의 전문 지식과 최신 식품 기술, 그리고 고객의 피드백을 모두 활용합니다. 요리사는 자기 경험과 기술을 바탕으로 새로운 요리 아이디어를 제안합니다. 동시에, 최신 식품 기술을 도입하여 요리의 맛과 질을 향상하는 방법을 모색합니다. 또한, 고객의 의견과 선호도를 분석하여, 사람들이 원하는 맛과 트렌드를 파악합니다. 이렇게 다양한 요소를 결합함으로써, 식당은 기존의 메뉴와는 차별화된, 새롭고 매력적인 요리를 창조할 수 있습니다. 이 과정은 혁신의 다양한 면모를 결합하는 완벽한 사례로, 식당이 경쟁력을 갖추고 고객의 기대를 초과하는 데 이바지합니다.

혁신은 단지 새로운 아이디어를 찾는 것을 넘어서, 다양한 지식과 기술, 경험을 하나로 묶어 전례 없는 방식으로 문제를 해결하고 가치를 창출하는 과정입니다. 리더는 이러한 혁신 과정에서 매우 중요한 역할을 합니다. 그들은 조직 내 다양성을 인정하고, 서로 다른 배경을 가진 구성원들의 아이디어와 경험을 존중해야 합니다. 이는 팀이 창의적이고 혁신적인 결과를 도출하는 데 필수적입니다.

리더는 구성원들이 아이디어를 자유롭게 공유하고 실험할 수 있는 환경을 만들어 주어야 합니다. 이를 위해, 다양한 분야의 지식과 기술이 조직 내에서 효과적으로 결합할 수 있도록 지원하는 것이 중요합니다. 이런 지원을 통해, 구성원들은 더 넓은 시각에서 문제를 바라보고, 기존의 사고방식을 벗어난 새로운 해결책을 찾아낼 수 있습니다.

이 과정은 조직이 지속해서 성장하고 발전하는 데 이바지하며, 경쟁력을 갖추는 데도 도움이 됩니다. 리더의 이러한 역할과 노력은 조직이 변화하는 환경 속에서도 적응하고, 혁신을 통해 성공적으로 나아갈 수 있도록 합니다. 결론적으로, 리더십은 혁신을 추진하고, 조직의 다양한 면모를 결합하여 더 큰 가치를 창출하는 데 중추적인 역할을 합니다.

조직 내 혁신

조직 내 혁신은 기업이나 단체가 지속적으로 성장하고 발전할 수 있도록 하는 중요한 요소입니다. 혁신이란 새로운 아이디어, 제품, 서비스 또는 프로세스를 도입하여 기존의 방식을 개선하거나 완전히 새로운 가치를 창출하는 것을 의미합니다. 조직 내에서 혁신을 추구하는 것은 단순히 새로운 것을 만드는 것 이상의 의미를 가지며, 이는 조직이 미래에 대응하고 성공적으로 나아갈 수 있도록 합니다.

혁신을 성공적으로 이끌기 위해서는 강력한 리더십이 필수적입니다. 리더는 팀이나 조직의 구성원들이 새로운 아이디어를 자유롭게 제시하고 실험할 수 있는 환경을 조성해야 합니다. 이는 구성원들이 창의적으로 생각하고, 실패를 두려워하지 않으며, 지속적으로 학습하고 성장할 수 있는 문화를 만들어냅니다. 리더는 또한 다양한 관점과 아이디어를 존중하고 포용하며, 이러한 다양성이 혁신의 원동력이 될 수 있도록 해야 합니다.

리더는 목표를 설정하고, 비전을 공유하며, 구성원들을 올바른 방향으로 이끌어야 합니다. 이 과정에서 리더는 구성원들의 참여를 적극적으로 장려하고, 혁신적인 아이디어가 실제로 실행될 수 있도록 지원해야 합니다.

결론적으로, 조직 내 혁신은 경쟁 우위를 확보하고, 시장에서의 성공을 지속하기 위해 필수적입니다. 강력한 리더십 하에 혁신적인 문화를 조성하고 유지하는 것은 이러한 목표를 달성하는 데 있어 중요한 열쇠입니다. 리더는 조직의 혁신적인 잠재력을 최대한 발휘할 수 있도록 구성원들을 격려하고 지원해야 합니다.

10

창의적 사고로 혁신을 그리다

리더가 새롭고 창의적인 아이디어를 사용하여 조직의 변화와 성장을 주도하는 과정을 나타냅니다. 이 과정에서 리더는 전통적인 해결 방식에 의존하지 않고, 문제를 전혀 다른 각도에서 바라보는 능력을 발휘해야 합니다. 이는 문제의 본질을 깊이 이해하고, 이를 기반으로 기존에는 고려되지 않았던 새로운 해결책을 제시하는 것을 포함합니다. 리더의 이러한 접근 방식은 팀원들에게도 영감을 주어, 그들이 자기 아이디어를 자유롭게 공유하고 실험하도록 장려합니다. 이 과정을 통해 조직은 더 혁신적이고 창의적인 방향으로 나아갈 수 있으며, 지속 가능한 발전을 추구할 수 있습니다. 결국, 리더의 창의적 사고는 조직 전체의 혁신 문화를 형성하는 데 핵심적인 역할을 합니다.

◇◇◇

한 회사에서 리더는 직원들의 업무 효율성을 개선하고자 새로운 아이디어를 실행에 옮겼습니다. 그는 전통적인 사무실 구조를 벗어나, 개방형 사무 공간을 도입하기로 했습니다. 이 변화는 직원들이 더 자유롭게 움직이며 서로 소통할 수 있는 공간을 제공함으로써, 창의력과 협업을 촉진합니다. 이러한 접근은 기존의 고정된 업무 공간의 한계를 넘어서, 보다 유연하고 효율적인 작업 환경을 조성하려는 시도입니다. 개방형 사무 공간은 직원들 사이의 장벽을 줄이고, 아이디어 교환을 쉽게 만들어, 팀워크와 혁신을 동시에 장려합니다. 이는 리더의 창의적 사고가 어떻게 조직 내 혁신을 이끌 수 있는지 보여주는 사례입니다. 결국, 이러한 변화는 직원들의 만족도와 생산성을 높이는 긍정적인 결과로 이어졌습니다. 이 사례는 리더가 어떻게 전통적인 관념을 넘어서 혁신을 추진할 수 있는지 보여주는 좋은 예입니다.

리더의 주요 역할 중 하나는 조직 내에서 창의적 사고를 촉진하는 것입니다. 이를 통해, 팀원들은 새롭고 혁신적인 아이디어를 발굴할 수 있게 됩니다. 이 과정의 핵심은 고정된 사고방식에서 벗어나, 문제를 다양한 각도에서 바라볼 수 있는 능력을 개발하는 것에 있습니다. 리더는 이러한 다양한 관점을 가진 환경을 만들어주어야 하며, 이는 팀원들이 아이디어를 자유롭게 공유하고 실험할 수 있는 기반을 마련합니다.

리더가 이런 환경을 조성함으로써, 팀원들은 자기 생각을 개방적으로 표현하고, 다른 이의 의견에 귀를 기울이며, 함께 더 나은 해결책을 찾아갈 수 있습니다. 이런 팀워크와 협력은 조직의 혁신적인 발전을 가능하게 합니다. 더불어, 이러한 접근 방식은 문제 해결 과정에서 새로운 기회를 발견하고, 조직의 경쟁력을 강화하는 데 이바지합니다.

리더에 의해 장려되는 창의적 사고는 조직 전체의 혁신 문화를 형성하고, 이는 조직이 지속 가능한 성장을 이루는 데 필수적입니다. 창의적인 아이디어와 해결책의 모색은 단순한 개선을 넘어서, 조직을 새로운 차원으로 이끌 수 있는 힘을 가지고 있습니다. 이러한 리더십은 조직이 끊임없이 변화하는 시장에서 성공적으로 적응하고 성장할 수 있는 기반을 마련합니다.

PART 4

지속 가능한
성공의 길

리더는 신뢰를 기반으로
팀과의 강력한 관계를 구축하여
지속 가능한 성공을 달성한다.

01

꿈과 현실 사이의 리더

리더가 현실적인 상황을 잘 인지하면서도 미래에 대한 꿈과 비전을 가지고, 그 꿈을 현실로 만들기 위해 노력하는 사람을 말합니다. 이런 리더는 현재의 문제를 해결하는 데 집중하면서도, 미래를 향한 목표를 잃지 않습니다.

◇◇◇

한 기업의 CEO가 앞장서서 환경 문제 해결을 위한 기술 혁신에 힘쓴다고 상상해 보세요. 이 CEO는 현재 기업의 경영 상태를 개선하고, 이윤을 증대시키는 것에 중점을 둡니다. 그러나 동시에, 그는 더 큰 그림을 보며, 지속 가능한 미래를 위한 기술 개발에도 투자합니다. 이는 단지 이익을 넘어서 환경 보호에 이바지하고자

하는 장기적 목표의 반영입니다.

이 CEO의 리더십은 현재의 성공과 미래의 지속 가능성 사이의 균형을 맞추고자 합니다. 그는 기업이 당면한 재정적, 운영적 문제를 해결하는 데 필요한 실질적 조치를 하면서도, 장기적인 비전을 잃지 않습니다. 고도의 기술 혁신을 통해 환경 문제에 대응하겠다는 그의 비전은, 기업이 사회적 책임을 다하면서도 경제적 가치를 창출할 수 있음을 보여줍니다.

이러한 접근은 조직 내외부에 강력한 메시지를 전달합니다. 그것은 현재의 성공을 유지하면서도 미래를 위해 투자하고 준비할 수 있는, 꿈과 현실 사이에서 균형을 찾는 리더십의 중요성을 강조합니다. 결국, 이 CEO는 환경 보호와 기업 성장을 동시에 추구함으로써, 지속 가능한 미래로의 전환을 위한 길을 제시합니다.

현재와 미래 사이에서 조화를 이루는 리더십을 펼칩니다. 이들은 현재 직면한 어려움과 제약을 정확히 이해하고, 그에 맞는 해결책을 실용적으로 제시하는 능력을 지니고 있습니다. 그러나 그들의 시선은 단기적인 문제 해결에만 머무르지 않으며, 장기적인 비전을 향해 나아갑니다.

이 리더들은 팀과 조직 내에서 공유할 수 있는 명확한 목표를 설정하고, 이를 달성하기 위해 구성원들을 동기 부여합니다. 그들은 변화의 필요성을 인식하고, 혁신을 통해 새로운 가능성을 탐색하는 것을 장려합니다. 이 과정에서 리더는 변화 관리에서 핵심적인 임무를 수행하며, 팀원들의 불안감을 줄이고 적응을 돕습니다.

이런 방식으로, "꿈과 현실 사이의 리더"는 조직의 지속 가능한 성장을 촉진합니다. 그들은 당면한 문제를 해결하면서도 미래를 위한 기반을 마련하는 데 중점을 둡니다. 이를 통해, 조직은 현재의 성공을 유지하고 미래의 기회를 포착할 수 있습니다.

이러한 리더십은 사회적 가치와 기업 가치를 동시에 추구함으로써, 조직을 더 나은 미래로 이끄는 중요한 역할을 합니다. 이들은 현실과 꿈 사이에서 균형을 찾으며, 모두에게 영감을 주는 비전을 실현해 나갑니다.

지속 가능한 성장 전략

지속 가능한 성장 전략이란 단순히 오늘의 이익을 추구하는 것이 아니라, 장기적인 관점에서 조직과 사회 전체의 건강과 번영을 목표로 하는 접근 방식입니다. 이 전략은 경제적 성과는 물론, 사회적 책임과 환경적 지속 가능성을 중시합니다. 즉, 현재

세대의 요구를 충족시키면서도 미래 세대의 필요를 해치지 않는 방식으로 성장하는 것을 목표로 합니다.

지속 가능한 성장 전략을 실행하는 리더는 다음과 같은 특징을 지니고 있습니다.

1. 장기적 비전
단기적 성과에만 집중하는 것이 아니라, 장기적인 목표와 비전을 세우고 이를 실현하기 위한 전략을 수립합니다.

2. 혁신 추구
지속 가능성을 위해 필요한 변화와 혁신을 장려하고, 새로운 기술과 방법을 도입하여 경쟁 우위를 확보합니다.

3. 통합적 사고
경제적, 사회적, 환경적 요소를 모두 고려하는 통합적 사고방식을 취하여, 모든 결정이 조직에 장기적으로 긍정적인 영향을 미치도록 합니다.

4. 사회적 책임

기업이나 조직이 속한 사회와 환경에 대한 책임을 인식하고, 이에 이바지하는 활동을 펼칩니다.

5. 투명성과 소통

이해관계자들과의 소통을 중시하고, 조직의 활동과 성과에 대해 투명하게 공유하여 신뢰를 구축합니다.

일반인들에게 지속 가능한 성장 전략은 단순한 기업 전략을 넘어서, 우리 모두의 삶과 미래에 중요한 개념입니다. 이는 개인, 조직, 사회가 장기적으로 번영하며 살아가기 위한 필수적인 방향을 제시합니다. 우리가 모두 지속 가능한 성장의 가치를 이해하고, 이를 실천에 옮기기 위한 노력을 함께한다면, 더욱 건강하고 지속 가능한 미래를 만드는 데 이바지할 수 있을 것입니다.

02

자기관리의 달인으로 거듭나기

자기관리는 리더와 개인 모두에게 필수적인 요소로, 시간 관리, 감정 조절, 목표 설정, 우선순위 판단을 포함합니다. 이는 개인의 자원을 효율적으로 활용하여 성과를 극대화하는 데 도움을 줍니다. 이런 능력은 리더의 성공과 개인적인 삶의 질 향상에 이바지합니다. 결국, 자기관리는 더 나은 개인과 리더가 되기 위한 핵심적인 경로입니다.

◇◇◇

프로젝트 마감일이 코앞에 다가온 어느 날, 리더 앞에 예상치 못한 상황이 발생합니다. 한 팀원이 개인적인 긴급 상황으로 인해 업무를 이어갈 수 없게 되었다는 소식입니다. 이 순간, 리더의 능력이 시험대에 오릅니다. 리더는 혼란스러움을 느낄 수도 있지만, 이내 침착함을 되찾고 상황을 신속하게 평가하기 시작합니다.

그다음 단계로, 리더는 팀의 업무를 재조정합니다. 필요한 경우, 리더 자신이 직접 업무를 맡아서 처리할 준비가 되어 있습니다. 이러한 행동은 팀이 목표를 달성할 수 있도록 보장합니다. 리더는 이 과정에서 자신의 시간을 어떻게 분배할지, 어떤 업무를 우선시할지 결정해야 합니다.

이러한 결정들은 리더의 우수한 자기관리 능력을 드러냅니다. 시간 관리에서부터 감정의 조절, 그리고 우선순위의 재 설정에 이르기까지, 리더는 효과적으로 자신의 자원을 관리하며 팀을 성공으로 이끕니다. 결국, 이 리더의 빠른 대처 덕분에 프로젝트는 기한 내에 성공적으로 완료됩니다. 이 예시는 리더가 어려운 상황에서도 자기관리를 통해 팀을 성공으로 이끌 수 있음을 보여줍니다.

자기관리의 달인으로 거듭나기 위해 리더는 다음과 같은 구체적인 전략을 적용할 수 있습니다.

1. 목표 설정

장기적인 비전을 설정하게 됩니다. 이 비전은 개인이나 조직이 미래에 도달하고자 하는 궁극적인 지점을 명확하게 정의합니다.

그 후, 이 장기적인 비전을 달성하기 위해 단기적인 목표들을 세우게 됩니다. 이 단기 목표들은 비전을 실현 가능한 조각으로 나누어, 단계별로 접근할 수 있게 합니다.

각 단기 목표 달성을 위한 구체적인 계획을 세우는 것은 중요한 과정입니다. 이 계획들은 목표를 달성하기 위한 실질적인 행동 지침을 제공합니다. 이러한 방식으로 목표를 설정하고 계획을 세우는 것은 목표 달성의 가능성을 크게 높이며, 개인이나 조직의 성장과 발전에 핵심적인 역할을 합니다.

2. 시간 관리

개인의 생산성과 효율성을 극대화하는 데 필수적인 요소입니다. 이 과정에서 가장 중요한 단계는 우선순위를 정하는 것입니다. 각각의 업무와 활동에 대해 중요도와 시급성을 평가하여, 가장 중요하고 시급한 일부터 차례대로 처리하는 계획을 세웁니다. 이를 통해 목표 달성에 가장 큰 영향을 미치는 업무에 시간과 에너지를 집중할 수 있습니다.

또한, 시간 관리의 핵심은 시간을 낭비하는 활동을 최소화하는 것입니다. 이를 위해 자기의 일과를 면밀히 관찰하고, 시간 낭비의 주요 원인을 파악해야 합니다. 예를 들어, 불필요한 회의, 잦은 방해, 소셜 미디어의 과도한 사용 등은 시간을 효율적으로 사용하지 못하게 하는 주범들입니다. 이러한 활동들을 줄임으로써, 더 중요한 목표에 더 많은 시간을 할애할 수 있습니다.

3. 자기반성

자기 행동과 그로 인한 결과를 주기적으로 검토하고 평가하는 행위를 말합니다. 이 과정을 통해, 개인은 자신의 강점과 약점을 명확히 이해하고, 향후 개선할 수 있는 영역을 식별할 수 있습니다. 결국, 자기반성은 자기 행동과 전략을 지속해서 조정하며 목표 달성과 개인적 발전을 가속하는 데 기여합니다.

4. 감정 조절

스트레스 관리 기술을 익히는 것은 이러한 감정 조절 능력을 개발하는 데 중요한 부분입니다. 이를 통해 개인은 스트레스 지수가 높은 상황에서도 침착함을 유지하고, 문제를 해결하기 위한 명확한 사고를 할 수 있습니다. 또한, 긍정적인 태도를 유지함으로써, 도전적인 상황에도 불구하고 희망과 자신감을 느끼고 대응할 수 있게 됩니다.

5. 건강 유지

규칙적인 운동과 건강한 식습관을 통해 신체적, 정신적 건강을 유지합니다.

자기관리는 단순히 개인의 성공을 위한 것이 아니라, 팀원과 조직 전체의 성과에도 긍정적인 영향을 미칩니다. 리더가 자기관리에 능숙하면, 이는 모범이 되어 팀원들도 자기관리 능력을 향상하는 데 영감을 줄 수 있습니다. 따라서, 리더로서 자기관리의 달인이 되기 위한 노력은 매우 중요합니다.

윤리와 리더십의 교차점

리더가 자기 행동과 결정으로 팀이나 조직의 윤리적 기준을 설정하고 따르도록 이끄는 곳에 있습니다. 이는 리더가 단순히 목표를 달성하는 것을 넘어서, 어떻게 그 목표에 도달하는지에 대한 중요성을 강조합니다. 윤리적 리더십은 투명성, 정직, 책임감을 바탕으로 하며, 이는 조직 문화 전반에 긍정적인 영향을 미칩니다.

◇◇◇

한 기업의 리더가 중요한 결정을 내립니다. 신제품을 개발하는 과정에서 모든 환경 규제를 철저히 지키기로 한 것입니다. 이 결정은 바로 비용 증가라는 단기적인 도전을 초래할 수 있습니다. 그러나 이 리더는 더 큰 그림을 바라보고 있습니다.

장기적으로 볼 때, 이러한 결정은 기업이 지속 가능한 방식으로 운영되도록 돕습니다. 그뿐만 아니라, 사회적 책임을 다하는 기업이라는 이미지를 강화하며, 이는 소비자 신뢰로 이어질 것입니다. 소비자들은 환경을 존중하는 기업을 더욱 선호하게 되고, 이는 결국 기업의 장기적인 성공에 이바지할 것입니다.

결국, 이 리더의 결정은 단기적인 비용 문제를 넘어서 기업의 사회적 책임과 지속 가능성을 우선시하는 모범적인 사례가 됩니다.

윤리적 리더십은 리더가 단순히 개인적인 이익을 추구하는 것을 넘어서, 조직과 사회의 복리를 우선시할 때 진정으로 발휘됩니다. 이런 리더는 조직의 비전을 공유하며, 모든 구성원이 공통된 목표를 향해 나아갈 수 있도록 돕습니다. 이 과정에서 리더는 공정하고 투명한 의사 결정 과정을 중시하며, 갈등이 발생했을 때는 정의롭고 합리적인 방식으로 해결합니다.

윤리적 리더는 자신의 행동이 다른 이들에게 모범이 되어야 한다는 책임감을 갖고 있으며, 이는 모든 행동과 결정에 일관된 윤리적 기준을 적용함으로써 드러납니다. 이러한 접근 방식은 조직 내에서 신뢰와 존중의 문화를 구축하는 데 기여하며, 이는 결국 직원들의 적극적인 참여와 헌신으로 이어집니다.

윤리적 리더십은 또한 팀원들에게 분명한 윤리적 지침을 제공하며, 이를 통해 그들이 어려운 상황에서도 올바른 판단을 내릴 수 있도록 지원합니다. 이런 지원은 팀원들이 윤리적 기준에 따라 행동하도록 독려하며, 결국 조직 전체의 윤리적 수준을 높입니다. 윤리적 리더십은 단순한 지휘나 관리를 넘어, 조직의 윤리적 가치를 실현하고 사회적 책임을 다하는 데 필수적인 역할을 합니다.

윤리와 리더십의 교차점에서, 리더는 조직의 목표 달성 방법뿐만 아니라 그 과정의 윤리성에 대해서도 책임을 지게 됩니다. 이는 리더와 조직에게 도전적일 수 있지만, 장기적으로 보았을 때 조직의 성공과 지속 가능성을 보장하는 핵심 요소입니다.

04

지속 가능한 발전을 위한 리더십

지속 가능한 발전을 위한 리더십은 현재와 미래 세대의 필요를 충족시키기 위해 환경, 사회, 경제적 측면에서 책임감 있게 행동하는 리더의 역량을 말합니다. 이러한 리더는 장기적인 목표를 설정하고, 이를 달성하기 위해 지속 가능한 방식으로 자원을 관리합니다. 리더의 주요 역할은 조직이나 커뮤니티가 오늘날의 성공뿐만 아니라 장기적으로도 번영할 수 있도록 지원하는 것입니다.

◇◇◇

기업의 최고 경영자CEO가 환경 보호를 위해 중요한 결정을 내립니다. 첫 번째로, 전통적인 에너지 대신 재생 가능 에너지의 사용 비율을 높입니다. 또한, 제품 제조 과정에서 나오는 탄소 배출량을 줄이는 방안을 도입합니다. 이러한 전략은 초기에는 추가 비용이 발생할 수 있으나, 장기적인 관점에서 볼 때 매우 중요합니다.

이런 접근방식을 통해, 회사는 환경을 보호하고 지속 가능한 발전을 추구하는 자세를 보여줌으로써 사회적 책임을 실현합니다. 이는 기업의 이미지와 브랜드 가치를 높이는 데에도 긍정적인 영향을 미칩니다. 결국, 이런 노력은 기업이 장기적인 안정적으로 성장할 수 있는 기반을 마련해 줍니다. 이처럼, CEO의 전략적 결정은 환경 보호와 기업의 지속 가능성 강화라는 두 마리 토끼를 잡는 결과를 가져옵니다.

지속 가능한 발전을 추구하는 리더십은 단순히 환경 관련 문제에만 집중하지 않습니다. 그것은 또한 사회와 경제에 긍정적인 영향을 미치는 것을 목표로 합니다. 리더들은 지역 사회와 협력하여 교육 및 보건 서비스를 향상하는 등의 방법으로 사회적 가치를 증진할 수 있습니다. 이와 동시에, 공정 무역과 같은 원칙을 지키며 사업을 운영함으로써 윤리적인 기준을 세웁니다.

경제적 측면에서, 지속 가능한 리더십은 투명한 경영을 중시하고 장기적인 이익을 추구하는 전략을 포함합니다. 이는 조직이 지속 가능한 방식으로 성장하도록 돕습니다. 이런 접근법은 기업이나 조직이 사회적, 환경적 책임을 다하면서도 경제적으로 안정적인 성장을 이루는 데 필수적입니다.

지속 가능한 발전을 위한 리더십은 조화롭고 균형 잡힌 발전을 추구합니다. 이는 리더가 환경, 사회, 경제의 세 가지 중요한 영역에서 지속 가능한 발전을 위해 노력해야 함을 의미합니다. 이러한 종합적인 접근 방식은 조직과 사회 전체의 장기적인 번영을 보장하는 길입니다.

지속 가능한 개발 목표

지속 가능한 개발 목표Sustainable Development Goals, SDGs는 전 세계가 직면한 다양한 문제를 해결하기 위해 유엔이 설정한 17가지 목표입니다. 2030년까지 달성을 목표로 하는 이들 목표는 빈곤, 기아, 건강, 교육, 성평등, 물과 위생, 에너지, 일자리, 산업화, 불평등, 도시, 소비와 생산, 기후 변화, 해양, 육지, 평화와 정의, 파트너십에 이르기까지 광범위한 영역을 포괄합니다.

이 목표들은 단순히 문제를 나열하는 것이 아니라, 모두가 더 나은 세상을 만들기 위해 협력할 수 있는 구체적인 방향을 제시합니다. 예를 들어, 빈곤을 종식하기 위한 목표는 가장 취약한 인구에 대한 지원을 강화하고, 기아 목표는 지속 가능한 농업을 통해 충분한 식량을 확보하는 것을 목적으로 합니다.

이러한 목표들은 전 세계 정부, 기업, 시민 사회가 함께 노력해야 할 과제입니다. 각국의 정책, 기업의 사회적 책임 활동, 개인의 생활 방식 선택 등 모든 수준에서의 노력이 필요합니다.

리더십의 관점에서 볼 때, 지속 가능한 개발 목표는 리더들이 조직이나 커뮤니티를 이끌어 가는 방향을 결정할 때 중요한 기준이 됩니다. 리더들은 이 목표들을 참고하여 더 지속 가능하고 공정한 방식으로 조직을 운영할 수 있는 전략을 수립할 수 있습니다. 예를 들어, 환경 보호를 위해 재생 가능 에너지를 사용하거나, 직원들에게 평등한 기회를 제공하는 것 등이 있습니다.

즉, 지속 가능한 개발 목표는 우리가 모두 더 나은 세계를 만들기 위해 함께 노력할 수 있는 방향을 제시합니다. 이 목표들을 달성하기 위해서는 리더십이 중요하며, 모든 사람이 자신의 위치에서 할 수 있는 일을 찾아 이바지하는 것이 중요합니다.

05

목표 달성을 위한 전략적 리더십

목표 달성을 위해 방향을 설정하고, 영감을 주며, 필요한 자원을 조직하는 리더의 능력을 의미합니다. 리더는 미래 비전을 제시하고, 팀을 그 방향으로 이끌어야 합니다. 이 과정에서 커뮤니케이션, 동기부여, 자원 관리가 중요한 역할을 합니다. 리더는 변화에 민감하게 반응하고, 도전을 기회로 바꾸는 능력도 가져야 합니다.

◇◇◇

한 IT 회사의 CEO는 자신의 회사를 인공지능 분야의 글로벌 리더로 만들겠다는 원대한 목표를 가지고 있습니다. 이 목표를 달성하기 위해, CEO는 우선 회사의 현재 상태를 면밀히 분석합니다.

이 분석을 통해, 회사가 세계적인 선두 기업이 되기 위해, 필요한 기술력과 인재를 정확히 파악합니다.

다음으로, CEO는 필요한 기술과 인재를 확보하기 위한 전략을 세웁니다. 이 전략에는 새로운 기술 연구 개발을 위한 투자와, 업계 최고의 전문가를 유치하기 위한 인사 정책이 포함됩니다. 이를 위해, CEO는 필요한 자금을 확보하는 방안을 모색합니다.

자금 확보 방안으로는 투자 유치, 내부 예산 재조정 등이 있을 수 있습니다. 이 자금을 바탕으로 회사는 연구 개발에 필요한 최신 장비를 구매하고, 최고의 인재를 유치하기 위한 경쟁력 있는 급여와 복지 혜택을 제공합니다.

이러한 노력을 통해, 회사는 점차 인공지능 분야에서의 기술력을 향상해 나가며, 업계에서의 지위를 높여 나갑니다. CEO의 전략적 리더십 아래, 회사는 세계적인 선두 기업으로 거듭날 기반을 마련하게 됩니다.

전략적 리더십은 단순히 목표를 설정하고 이를 달성하는 것을 넘어, 끊임없이 변화하는 조직의 내외부 환경을 분석하고 이에 맞춰 전략을 조정하는 능력을 포함합니다. 이는 현재의 불확실한 사회에서 매우 중요한 역할을 합니다. 리더는 조직의 문화를 형성하며, 이 문화를 통해 직원들이 조직의 비전과 목표에 공감하도록 만듭니다. 그리고 이러한 공감대를 바탕으로 직원들이 목표 달성에 이바지하도록 동기를 부여합니다.

리더는 소통 능력을 활용해 직원들의 의견을 경청하며, 이를 통해 포괄적이고 효과적인 결정을 내립니다. 이 과정에서 리더는 끊임없이 학습하고 발전하며, 조직과 직원들이 함께 성장할 수 있는 환경을 조성합니다. 따라서, 전략적 리더십은 목표 달성뿐만 아니라 조직의 지속 가능한 성장과 발전을 위해 필수적입니다. 리더는 이러한 리더십을 통해 조직이 미래의 도전에 유연하게 대응하고, 변화를 기회로 전환할 수 있도록 합니다.

06

리더의 자기 발전 여정

지속적인 학습과 경험을 통해 자기 리더십 능력을 강화하는 과정입니다. 이 여정에서 리더는 자기 인식을 높이고, 새로운 지식을 습득하며, 다양한 상황에서의 경험을 통해 성장합니다. 리더는 또한 실패에서 배우고, 이를 교훈으로 삼아 자기 리더십 스타일을 개선합니다. 이 과정은 리더 개인뿐만 아니라, 그들이 이끄는 조직에도 긍정적인 영향을 미칩니다.

◇◇◇

예를 들어, 한 팀 리더가 새로운 대규모 프로젝트를 처음 맡게 되었습니다. 프로젝트 시작 단계에서, 팀원 간의 의견 충돌과 일정 관리 문제로 어려움을 겪게 됩니다. 이 리더는 상황을 개선하기 위해 노력하며, 의사소통 기술을 향상하고 갈등 해결 전략을 배우기 위해 관련 책을 읽습니다. 또한, 경험 많은 멘토의 조언을 구해 문제 상황을 해결하는 방법을 배웁니다. 이러한 노력 끝에, 리더는 팀원들과의 원활한 소통과 갈등 해결을 통해 프로젝트를 성공적으로 이끌어갑니다. 프로젝트를 마친 후, 이 리더는 자신이 겪은 경험과 배운 점을 다른 팀원들과 공유하기로 합니다. 리더는 팀 관리와 리더십에 관한 워크숍을 개최하여, 자신의 실제 경험을 바탕으로 한 교육을 제공합니다. 이 워크숍은 팀원들에게 실질적인 도움을 주며, 조직 전체의 커뮤니케이션과 팀워크를 강화하는 데 이바지합니다.

리더의 개인 발전은 급속한 변화가 아닌, 지속적인 자기반성과 노력을 통해 이루어지는 오랜 여정입니다. 이 과정에서 리더는 자신이 가진 강점을 활용하고, 약점을 개선하기 위해 노력합니다. 리더는 이를 위해 자신만의 발전 계획을 세우며, 이 계획은 개인의 특성에 맞춰져 있습니다. 다양한 상황에서 얻는 경험을 통해 리더는 계속해서 배우고, 유연하게 대처하는 능력을 키웁니다. 이러한 과정을 통해, 리더는 변화에 잘 적응하며 팀을 더욱 효과적으로 관리할 수 있게 됩니다. 리더의 이러한 발전은 결국 조직의 성공으로 이어지며, 목표 달성에 중요한 역할을 합니다. 따라서 리더의 자기 발전 여정은 개인뿐만 아니라 조직 전체에도 긍정적인 영향을 미칩니다. 이 과정은 리더가 자신의 역량을 극대화하고, 조직을 더욱 발전시킬 기회를 제공합니다.

의사소통 기술

일상생활에서뿐만 아니라 직장 내에서도 매우 중요한 역량 중 하나입니다. 이는 사람들 간의 생각과 정보를 효과적으로 교환하는 방법에 관한 것이며, 좋은 의사소통 기술은 관계를 강화하고, 오해를 줄이며, 팀워크를 촉진하는 데 큰 도움이 됩니다.

먼저, 의사소통 기술에는 크게 두 가지 주요 요소가 있습니다.

첫 번째는 '구두 의사소통'으로, 말을 통해 생각이나 정보를 전달하는 것을 말합니다. 여기에는 명확한 발화, 적절한 목소리 톤, 청중과의 눈 맞춤 등이 포함됩니다.

두 번째 요소는 '비구두 의사소통'으로, 몸짓, 표정, 자세와 같이 말 이외의 방법으로 정보를 전달하는 것을 의미합니다.

효과적인 의사소통을 위해서는 먼저 '경청'이 중요합니다. 상대방의 말을 주의 깊게 듣고 이해하는 것은 의미 있는 대화를 위한 기초가 됩니다. 또한, '명확성과 간결성'도 중요한데, 이는 자신의 메시지를 쉽고 직접적으로 전달하는 데 도움이 됩니다.

의사소통 기술은 연습을 통해 개선할 수 있으며, 이를 위해 다양한 상황에서의 대화, 피드백을 요청하고 받아들이는 태도, 다양한 사람들과의 교류를 통한 경험 쌓기 등이 도움이 됩니다.

마지막으로, 효과적인 의사소통 기술은 리더십에 있어서 필수적입니다. 리더는 명확하고 효과적으로 의사소통함으로써 팀의 목표와 비전을 전달하고, 팀원 간의 협력을 촉진하며, 조직 내에서 긍정적인 관계를 구축할 수 있습니다. 따라서 의사소통 기술은 단순히 정보를 전달하는 도구를 넘어, 리더십을 발휘하고 조직을 성공으로 이끄는 핵심 역량입니다.

07

도전을 이겨내는 강인한 리더십

도전을 이겨내는 강인한 리더십은 어려움과 장애물을 극복하면서 목표를 향해 나아가는 리더의 능력을 말합니다. 이러한 리더십은 유연성, 결단력, 그리고 긍정적 사고방식을 포함합니다. 리더는 팀원들을 격려하고, 위기 상황에서도 흔들리지 않는 모습으로 팀을 안정시키는 역할을 합니다. 또한, 실패를 배움의 기회로 삼아 끊임없이 성장하려는 태도가 중요합니다.

◇◇◇

한 기업에서 신제품을 개발하는 과정에서 예상치 못한 기술적 어려움에 부딪혔습니다. 이때, 기업의 리더는 문제에 직면하여도 굴하지 않고 대처하는 방식을 선택했습니다. 리더는 팀원들을 모아이 문제를 공동으로 해결하기 위한 논의를 시작했습니다. 실패에 대한 두려움을 떨쳐내고, 다양한 해결책을 시도하며 문제에 접근했습니다. 리더는 긍정적이고 확신에 찬 태도로 팀을 격려했으며, 팀원들에게도 실패를 두려워하지 않는 용기를 심어주었습니다.

이 과정에서 여러 번의 시행착오를 겪었지만, 팀원들은 리더의 격려와 지원 덕분에 포기하지 않고 문제 해결에 전념할 수 있었습니다. 결국, 그들은 기술적 난관을 극복하고, 신제품 개발을 성공적으로 마무리 지었습니다. 이 성공은 리더가 보여준 결단력과 긍정적인 사고방식, 그리고 팀워크의 힘을 증명하는 사례가 되었습니다. 리더의 이러한 접근 방식은 팀원들에게 중요한 교훈을 남겼고, 회사는 이를 통해 더욱 단단해질 수 있었습니다.

도전을 이겨내는 강인한 리더십은 단순히 문제를 해결하는 것 이상의 의미를 가집니다. 이는 리더가 팀원들의 숨겨진 능력을 발견하고, 조직의 전반적인 역량을 향상하는 데 초점을 맞춥니다. 이 과정에서 비전을 공유하고, 팀워크를 강화하며, 변화에 빠르게 적응하는 능력을 개발하는 것이 중요합니다. 리더는 자기 경험을 통해 팀원들에게 실패를 두려워하지 않고 도전하는 용기를 심어줍니다. 이러한 접근 방식은 조직 내에서 혁신을 이끌고 성장을 촉진하는 데 이바지합니다.

리더는 다양한 상황에 직면했을 때, 통찰력과 판단력을 발휘하여 팀을 올바른 방향으로 이끌어야 합니다. 이는 리더의 결정이 팀과 조직의 미래에 큰 영향을 미칠 수 있기 때문입니다. 리더십의 이러한 측면은 팀원들이 자신감을 가지고 도전에 맞서게 하며, 최종적으로는 조직이 더욱 강력하고 유연하게 성장할 수 있는 기반을 마련합니다.

팀워크

팀워크란 함께 일하는 구성원들 간의 협력과 의사소통을 의미합니다. 각자 다른 개성과 능력을 갖춘 사람들이 하나의 목표를 향해 서로를 보완하며 일하는 과정에서 발생합니다. 팀워크의 가장 큰 장점은 다양한 아이디어와 접근 방식이 모여 더 큰 성과를 낼 수 있다는 점입니다. 각 구성원이 자신의 장점을 살려 이바지할 때, 팀 전체의 역량은 개인이 혼자 할 때보다 훨씬 뛰어납니다.

팀워크의 핵심은 서로에 대한 신뢰와 존중입니다. 구성원들이 서로를 신뢰하고 존중할 때, 자유롭게 의견을 나누고, 창의적인 해결책을 찾아낼 수 있습니다. 또한, 갈등이 발생했을 때 이를 건설적으로 해결하는 과정에서도 팀워크는 중요한 역할을 합니다.

좋은 팀워크를 위해서는 리더의 역할도 중요합니다. 리더는 팀 내에서 명확한 목표를 설정하고, 각 구성원의 역할을 분명히 해야 합니다. 또한, 팀원들 간의 의사소통이 원활하게 이루어질 수 있도록 장려하고, 긍정적인 팀 문화를 조성하는 데 이바지해야 합니다.

결국 팀워크는 개인의 능력을 넘어서 팀 전체의 성공으로 이어지는 자산입니다. 각자의 강점을 인정하고, 서로를 지지하며, 공동의 목표를 향해 나아갈 때 비로소 강력한 팀워크가 형성됩니다. 이러한 팀워크는 모든 조지과 프로젝트에 있어 필수적인 요소로, 성공적인 결과를 끌어내는 원동력이 됩니다.

08

지속 가능한 성공을 위한 팀워크

지속 가능한 성공을 위한 팀워크는 단기적인 성과를 넘어서 장기적으로 팀이 함께 성장하고 발전하는 것을 목표로 합니다. 이를 위해서는 각 팀원의 강점을 인정하고 활용하는 것이 중요합니다. 또한, 팀 내에서 의사소통과 협력이 원활하게 이루어져야 합니다. 리더는 이러한 환경을 조성하고 유지하는 데 핵심적인 역할을 합니다. 지속 가능한 팀워크는 변화에 유연하게 대응하고, 팀원 간의 신뢰를 기반으로 합니다.

◇◇◇

한 IT 회사에는 다양한 사람들로 구성된 프로젝트팀이 있습니다.

이 팀은 정기적인 회의를 통해 각 팀원이 맡은 업무의 진행 상태를 공유합니다. 이런 과정에서 모든 팀원은 자유롭게 자기 아이디어와 제안을 나눌 수 있으며, 이는 팀 내 혁신과 창의성을 촉진합니다. 팀 리더는 이러한 다양한 의견들 사이에서 조정자의 역할을 하며, 각 팀원이 자기 잠재력을 최대한 발휘할 수 있도록 격려하고 지원합니다.

리더의 이런 노력은 팀원들에게 동기를 부여하고, 개인의 성장을 도모하며, 팀 전체의 역량을 강화합니다. 또한, 이 팀은 변화와 도전에 유연하게 대응할 수 있는 강한 팀워크를 구축하게 됩니다. 팀원들은 서로 신뢰하고 의지하며, 어려운 상황에서도 함께 해결책을 찾아 나갑니다. 이러한 과정을 통해, 이 IT 회사의 프로젝트 팀은 지속해서 성장하며, 시장에서의 경쟁력을 유지하고 강화해 나갑니다. 결국, 이 팀의 성공은 지속 가능한 팀워크와 각 팀원의 개인적 성장, 그리고 리더의 지원과 조정 능력에서 비롯됩니다.

지속 가능한 성공을 위해, 리더는 팀 내 다양성을 존중하고 통합하는 데 중점을 둬야 합니다. 각 팀원의 독특한 배경과 시각은 팀의 전체적인 성과를 높이는 데 이바지할 수 있습니다. 이를 위해 리더는 팀원들의 다양한 의견과 아이디어를 적극적으로 수용하고, 이를 팀의 전략과 목표에 반영해야 합니다. 또한, 리더는 명확한 비전을 설정하여 팀원 모두가 공통의 목표를 향해 나아갈 수 있도록 동기를 부여해야 합니다.

변화 관리는 또 다른 중요한 요소입니다. 리더는 외부 환경의 변화를 신속하게 인식하고, 이에 대응하는 전략을 마련하여 팀원들이 새로운 상황에 적응할 수 있도록 지원해야 합니다. 이 과정에서 팀원들의 불안과 저항을 관리하고, 변화를 긍정적으로 수용하는 문화를 조성하는 것이 중요합니다.

팀 내 갈등은 불가피하게 발생합니다. 이때 리더의 역할은 갈등을 건설적으로 해결하고, 팀원들 사이의 의견 차이를 조화롭게 통합하는 것입니다. 리더는 갈등 상황에서 공정한 중재자로서 활동하여, 갈등이 팀의 성장과 발전에 긍정적인 영향을 미치도록 해야합니다. 이러한 노력을 통해 구축되는 지속 가능한 팀워크는 팀이장기적으로 성공하는 데 필수적입니다.

갈등 해결 전략

갈등 해결 전략은 일상생활에서뿐만 아니라 직장 내에서도 중요한 역할을 합니다. 갈등은 피할 수 없는 인간관계의 일부이기 때문에, 이를 해결하는 방법을 알고 있으면 더욱 효율적으로 문제를 해결하고 관계를 개선할 수 있습니다. 갈등 해결 전략을 이해하고 적용하는 것은 리더십을 강화하고, 조직 내 긍정적인 환경을 조성하는 데 필수적입니다.

첫째, 갈등의 원인을 명확히 파악하는 것이 중요합니다. 갈등의 근본 원인을 이해하지 못하면, 표면적인 문제만 해결되고 근본적인 문제는 여전히 남게 됩니다. 따라서, 문제의 핵심에 접근하기 위해 상황을 면밀히 분석하고, 관련된 모든 사람의 입장을 경청해야 합니다.

둘째, 효과적인 의사소통이 필수적입니다. 갈등 상황에서는 감정이 고조될 수 있으므로, 객관적이고 진정성 있는 대화를 통해 서로의 처지를 이해하려는 노력이 필요합니다. 비판이 아닌, 이해와 공감을 바탕으로 한 커뮤니케이션이 중요합니다.

셋째, 협상과 타협을 통해 해결책을 모색합니다. 모든 사람이 100% 만족하는 해결책을 찾기는 어렵지만, 서로의 필요와 우선순위를 고려하여 상호 수용 가능한 해결책을 찾는 것이 중요합니다. 이 과정에서 유연성과 개방성이 필요합니다.

넷째, 중재자의 도움을 받는 것도 한 방법입니다. 때로는 갈등 당사자들이 직접 해결책을 찾기 어려울 수 있습니다. 이럴 때는 제삼자의 중재자가 개입하여 객관적인 시각에서 문제를 해결하는 데 도움을 줄 수 있습니다.

마지막으로, 갈등 해결 후에는 서로의 관계를 회복하고 강화하는 데 집중해야 합니다. 갈등이 해결된 후에도 불필요한 감정의 잔재가 남지 않도록 서로의 노력을 인정하고, 긍정적인 관계를 다시 구축하는 것이 중요합니다.

이처럼, 갈등 해결 전략은 다양하며 상황에 따라 적절한 방법을 선택하는 것이 중요합니다. 갈등을 건설적으로 해결하는 능력은 개인과 조직 모두에게 긍정적인 영향을 미칩니다.

09

리더십의 지속 가능한 발전 모델

리더가 자신, 팀, 조직 전체의 성장을 장기적으로 지원하는 방식에 초점을 맞춥니다. 이 모델은 자기 인식, 지속적인 학습, 탄력성, 혁신을 중심으로 구성됩니다. 리더는 먼저 자신의 강점과 약점을 이해하고, 변화하는 환경에 적응하며, 팀원들의 성장을 촉진하고, 조직의 목표 달성을 위해 지속해서 혁신해야 합니다.

◇◇◇

IT 업계에서 활동하는 리더인 미르는 자기 발전을 위해 적극적인 노력을 기울입니다. 그는 자신이 리더로서 어떻게 성장할 수 있을지를 이해하기 위해, 주기적으로 동료와 팀원들로부터 피드백을 받습니다. 이러한 피드백을 바탕으로, 미르는 자기 리더십 기술을 강화하는 데 필요한 영역을 파악하고 개선합니다. 또한, 성장과 발전을 위해 다양한 세미나와 워크숍에 참여하며, 최신 리더십 트렌드와 기술에 대해 항상 업데이트 상태를 유지합니다.

미르는 팀원들이 직면하는 장애물을 극복하고, 새로운 기술을 배울 수 있도록 적극적으로 지원합니다. 그는 팀원들에게 필요한 자원과 교육 기회를 제공하여, 그들이 전문성을 키울 수 있도록 돕습니다. 더 나아가, 실패를 실험과 학습의 기회로 보는 문화를 조성함으로써, 팀원들이 혁신적인 아이디어를 자유롭게 제안하고 시도할 수 있는 환경을 만듭니다.

이러한 방식으로, 미르는 팀의 성장을 촉진하고, 조직 전체의 성공을 위한 기반을 마련합니다. 그의 리더십은 팀원들이 자신감을 가지고 도전하고, 새로운 기술을 습득하며, 결국 회사의 목표 달성에 이바지하도록 합니다. 그의 리더십 접근 방식은 팀과 회사 모두에 지속 가능한 성장과 발전을 가져오는 핵심 요소입니다.

지속 가능한 리더십 발전 모델에서는 리더가 개인적인 성장뿐만 아니라, 조직 내에서 영향력을 발휘하고 긍정적인 변화를 끌어내는 능력을 강조합니다. 이를 위해 리더는 다음과 같은 네 가지 주요 영역에 집중해야 합니다.

1. 자기 인식

리더는 자신의 강점과 약점을 명확히 파악하고, 자신의 가치관이 어떻게 행동에 영향을 미치는지 이해하는 과정을 포함합니다. 또한, 자신의 결정과 행동이 팀원들이나 조직에 어떤 영향을 미치는지를 인식하는 것도 중요합니다. 이러한 자기 인식은 리더가 자기 행동을 조정하고 개선하여, 더 효과적인 리더십을 발휘할 수 있도록 돕습니다. 결국, 자기 인식은 리더가 자신과 주변 사람들에게 긍정적인 영향을 미치는 기반을 마련합니다.

2. 지속적인 학습

리더는 시시각각 변화하는 세상 속에서 새로운 지식을 흡수하고, 관련 기술을 발전시켜야 합니다. 이 과정은 리더가 직면할 수 있는 다양한 상황과 도전에 효과적으로 대응할 수 있도록 적응력을 높입니다. 리더가 학습을 지속함으로써, 그들은 자신과 팀, 그리고 조직 전체를 위한 성장과 발전의 길을 열어갑니다. 결국, 이러한 노력은 리더가 더 혁신적이고 효율적인 방식으로 목표를 달성하는 데 이바지합니다.

3. 탄력성

리더가 도전과 변화의 순간에 강인함을 유지할 수 있게 하는 중요한 특성입니다. 이는 리더가 어려움에 직면했을 때 좌절하지 않고, 오히려 그러한 상황을 성장과 발전의 기회로 전환할 수 있는 능력을 의미합니다. 탄력적인 리더는 부정적인 상황도 긍정적인 관점으로 바라보며, 해결책을 찾는 데 집중합니다. 이런 리더는 팀원들에게도 긍정적인 영향을 미쳐, 조직 전체의 회복력을 강화합니다. 따라서 리더는 자신의 탄력성을 개발하여, 모든 상황에서 효과적으로 대처할 수 있도록 준비해야 합니다.

4. 혁신

조직이 지속 가능한 성장과 발전을 이루는 데 필수적인 요소입니다. 리더는 이러한 혁신을 주도하며, 새롭고 창의적인 아이디어를 장려하고 실행하는 역할을 맡습니다. 이를 위해 리더는 조직 내에서 개방적이고 실험적인 문화를 조성하여, 모든 구성원이 새로운 해결책을 자유롭게 제안하고 시험해 볼 수 있도록 해야 합니다. 혁신적인 리더는 변화에 능동적으로 대응하고, 시장의 변화나 새로운 기술의 도입에 앞서 나갈 수 있는 방향을 제시합니다. 이런 접근은 조직을 더욱 경쟁력 있고 성공적인 미래로 이끕니다.

이 모델을 적용함으로써 리더는 자신과 조직이 지속 가능한 방식으로 성장하고 발전할 수 있는 기반을 마련할 수 있습니다.

10

지속 가능한 미래를 위한 리더의 역할

리더는 조직을 넘어서 지속 가능성의 원칙을 적극적으로 실천해야 하는 중심인물이며, 그들의 행동과 결정은 사회, 환경, 그리고 경제에 긍정적인 변화를 불러올 수 있습니다. 이들은 환경 보호, 사회적 책임, 경제적 안정과 성장을 도모함으로써 지속 가능한 발전을 추구합니다. 리더는 이러한 가치를 조직 내외로 확산시키며, 지속 가능한 미래를 향한 비전을 공유하고 실현해 나갑니다. 결국, 리더는 단순한 관리자가 아닌, 지속 가능한 변화를 이끄는 동력이 됩니다.

이러한 리더십은 다음과 같은 방식으로 구현될 수 있습니다.

1. 환경 보호 촉진

지속 가능한 미래를 위해 리더는 환경 보호를 우선시하는 문화를 조성해야 합니다. 이를 위해 조직 내에서 재활용 프로그램을 시행하고 에너지 사용의 효율성을 높이는 등의 조치를 할 수 있습니다. 이러한 활동은 환경을 보호하고 자원을 절약하는 데 이바지합니다. 리더의 이러한 노력은 조직 문화에 긍정적인 영향을 미치며, 환경 보호 의식을 높이는 데 중요한 역할을 합니다. 결국, 이런 접근 방식은 지속 가능한 미래로 나아가기 위한 필수적인 단계입니다.

2. 사회적 책임 실현

리더는 사회적 책임을 실현하기 위해 지역 사회와 협력하는 것이 중요합니다. 교육 및 보건 서비스의 질을 높이고 공정 무역 원칙을 지키는 것은 이러한 책임을 이행하는 구체적인 방법입니다. 이런 활동들은 조직이 주변 사회에 긍정적인 영향을 주도록 돕습니다. 사회적 책임을 다하는 리더의 노력은 조직의 이미지와 신뢰도를 높이는 데에도 이바지합니다. 이는 결국 조직과 사회 모두에 이익이 되는 지속 가능한 발전을 촉진합니다.

3. 경제적 성장과 안정 추구

조직의 지속 가능한 성장을 위해 투명한 경영과 장기적 이익을 추구하는 전략이 필수적입니다. 이러한 접근은 경제적 안정성을 확보하며, 동시에 지속 가능한 발전을 촉진합니다. 투명한 경영은 신뢰를 구축하고, 장기적 이익을 위한 전략은 조직의 미래 가치를 높입니다. 이 과정은 조직이 장기적 관점에서 성장하고 발전할 수 있는 기반을 마련합니다. 결과적으로, 이는 조직뿐만 아니라 사회 전체에 긍정적인 영향을 미치는 지속 가능한 경로를 제시합니다.

리더는 이러한 원칙을 적극적으로 실천함으로써, 지속 가능한 미래를 향한 길을 개척할 수 있습니다. 이는 단순히 조직 내에서의 실천에 국한되지 않으며, 리더의 행동과 결정이 더 넓은 사회와 환경에 긍정적인 변화를 불러올 수 있음을 의미합니다.

즉, 리더는 자기 행동과 조직의 정책을 통해 지속 가능한 발전의 모범을 보이며, 다른 이들에게 영감을 주어야 합니다. 이 과정에서 리더는 지속 가능한 미래를 위한 비전을 공유하고, 팀원들과 함께 이를 실현하기 위한 구체적인 목표와 계획을 수립해야 합니다.

이러한 리더십은 개인과 조직뿐만 아니라, 사회 전체에 긍정적인 영향을 미칠 수 있으며, 지속 가능한 미래를 향한 길을 닦는 데에 중요한 역할을 합니다.

에필로그
미래 리더의 서약

이 책의 마지막 장을 넘기며, 우리는 변화하는 세계 속에서 미래 리더의 길을 걷기 시작합니다. 이 길은 단순한 도착점에 이르는 것이 아니라, 끊임없는 학습과 적응, 그리고 발전을 추구하는 여정입니다. 미래 리더로서 다음과 같이 서약합니다.

첫째, 우리는 다양성을 포용하고, 모든 사람의 가치와 의견을 존중하는 리더가 되겠습니다. 우리는 다양한 배경과 경험을 가진 사람들을 하나로 모으는 데 앞장서며, 그들의 창의력과 혁신을 촉진하겠습니다.

둘째, 우리는 변화에 유연하게 대응하며, 지속 가능한 발전을 위해 노력하는 리더가 되겠습니다. 우리는 환경과 사회에 대한 책임감을 가지고, 긍정적인 변화를 위한 노력을 지속하겠습니다.

셋째, 우리는 투명한 소통을 실천하고, 영향력을 행사하는 새로운 방법을 모색하는 리더가 되겠습니다. 우리는 모두가 이해하고 공감할 수 있는 메시지를 전달하며, 소통의 장을 넓히겠습니다.

넷째, 우리는 실패를 두려워하지 않고, 그로부터 배우는 리더가 되겠습니다. 우리는 실패를 성장의 기회로 삼고, 더 나은 미래를 위한 혁신적인 해결책을 모색하겠습니다.

마지막으로, 우리는 개인의 건강과 웰빙을 돌보며, 윤리적 리더십을 유지하는 리더가 되겠습니다. 우리는 지속 가능한 성공을 위해 자신과 타인을 돌보는 것이 중요함을 기억하겠습니다.

우리는 미래 리더로서의 서약을 마음에 새깁니다. 변화하는 세상 속에서, 우리는 긍정적인 방향으로 세상을 이끌 준비가 되어 있습니다. 이 서약은 우리 각자와 함께하는 모든 사람에게 희망과 영감을 주는 빛이 되길 바랍니다. 미래의 리더로서, 우리는 함께 세상을 더 나은 곳으로 만들어 가겠습니다.

백광석

성공을 위한 전략적 리더십

미래를 선도하는 리더

초판 1쇄 인쇄 2024년 5월 15일
초판 1쇄 발행 2024년 5월 20일

지은이 백광석
펴낸이 백광석
펴낸곳 다온길

출판등록 2018년 10월 23일 제2018-000064호
전자우편 baik73@gmail.com

ISBN 979-11-6508-567-4 (13320)